勉強も仕事も、もっと効率よく、無理なくできる！

現役東大生がこっそりやっている、すごい！勉強のやり方

清水章弘［著］
Akihiro Shimizu

PHP研究所

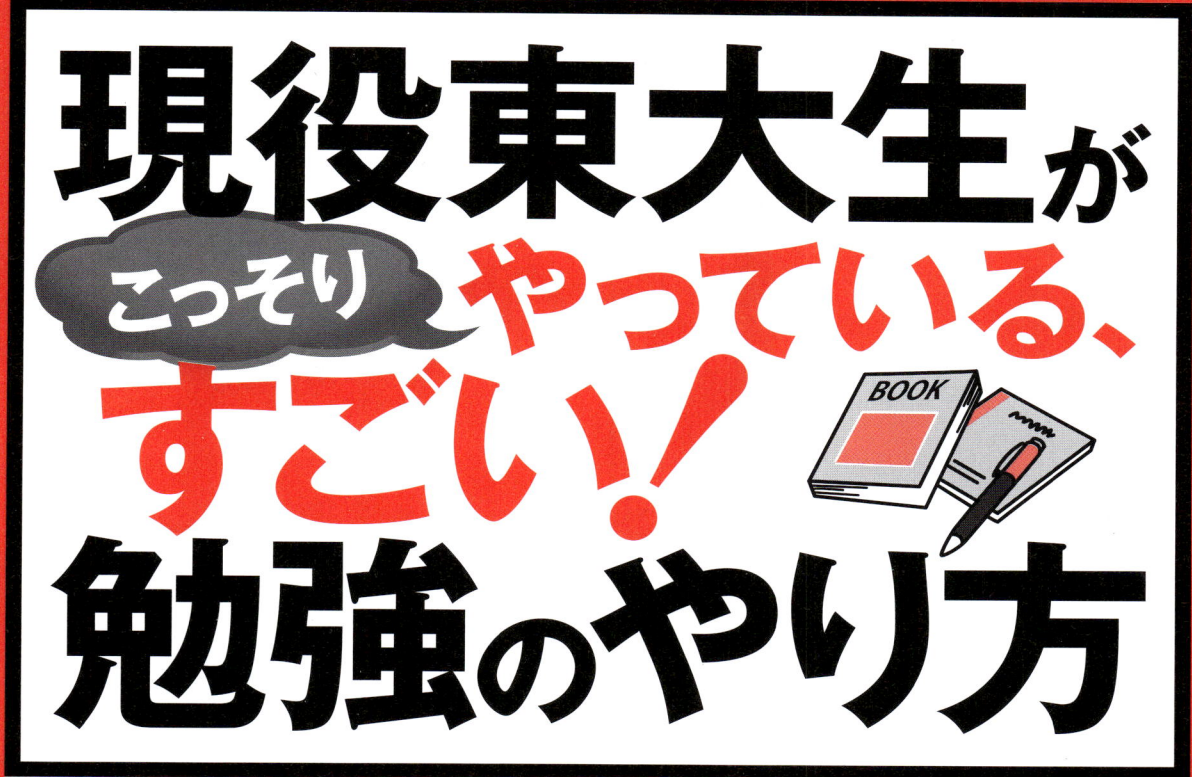

はじめに

みなさん、こんにちは。プラスティーという教育系のベンチャー企業を経営している清水章弘《しみずあきひろ》と申します。東京大学大学院の教育学研究科に通いながら、生徒数２００名ほどの学習塾を経営しつつ、全国の学校や教育委員会のお手伝いをさせて頂いております。

大学院は毎週2回、夕方まで。それ以外の日はほとんど仕事にあてています。土日を含め、ほぼ毎日生徒に教えているので、最低でも毎月１００時間は授業をしています。授業がある日には、授業以外の時間帯に社内の会議やお取引先との打ち合わせを入れており、授業がない日は講演で全国を飛び回ったり、書籍や雑誌連載の執筆をしたりしていますので、それなりにハードな毎日を過ごしています。

うちの塾には東大を目指す子もいますが、一方で勉強が大っ嫌いな子もたくさんいますので、どうしたら勉強が楽しくできるかを日々考えています。まだ試行錯誤を続けていますが、この本にもいろんなノウハウを詰め込みました。

ただ、この本は勉強だけについて書いた本ではありません。

この本は前作『現役東大生がこっそりやっている、頭がよくなる勉強法』（ＰＨＰ研究所）同様、勉強法に仕事術を加えた、ちょっと変わった本です。

前作に続いて勉強法と仕事術を結びつけた本を2冊も書くようになったのは、実は以下のような背景があります。

２００８年の5月、僕は20歳でプラスティーという会社を起業しました。右も左も分からないまま、あくせく仕事をして6年が経ちました。昨年ようやく年商1億を超えたところなので企業としてはこれからですが、ここ数年間は１５０％の成長率で黒字経営を貫《つらぬ》いてきました。

なんとかここまで来ることができましたが、僕は会社勤めもしたことがありませんので、起業するまでの経験といえば、毎日の勉強と部活動、大学の体育会の合間を縫《ぬ》って資本金を貯めたアルバイトくらいです。壁にぶつかったとき、人は自分の過去の経験を思い出しながら解決に向かうと思いますが、経験が乏《とぼ》しい僕は想像力でカバーしてきました。

「効率的な会議の進め方って、授業前にやっていた復習を応用したらいいんじゃないかな」

「講演内容のアイディアを考えるときって、高校時代の予習法が

はじめに

使えるんじゃないかな」

「自社の強みって、ホッケー部で監督に習ったディフェンスの仕方から考えればいいのかもな」

非常に無理があって恥ずかしいのですが、大まじめに考えて、実際に行動に移してきました。部活動はともかくとして、「大学受験って意味がないよね」と言われることも多いですが、どれくらい意味を持たせることができるかは、その人の想像力によると思います。

このように仕事を進めてきましたので、僕の中で、勉強と仕事は根底でつながるようになりました。

ＰＨＰ研究所の次重《じじゅう》さんに「新しい本を作りましょう！」とお声がけ頂いたとき、自然とこういうテイストの本ができていきました。

「勉強法と仕事術を結びつけた本なんて、売れるのかな……」と心配もありましたが、おかげさまで発売して1年弱で7万部を突破しました。

そうして第二弾として書き下ろしたのが今回の作品です。相変わらず無理のある本になっているかもしれませんが、コラムも手を抜かず、一文字一文字、丁寧に書きました。何かひとつでも実行に移せるアイディアを見つけてくだされば嬉《うれ》しいです。

効率的かつ効果的に勉強をすることと、効率的かつ効果的に仕事をすることはひょっとしたら近いのかもしれません。「勉強は一人でするものだから、仕事とは違う」というご意見もあると思いますが、勉強だって周りの人を巻き込んでやるのが最も効率的かつ効果的です。「勉強は正解があるが、仕事には正解がない」というご意見もあるかもしれませんが、どちらもプロセスには正解がありません。

勉強と仕事、もちろん完全に一緒だとは思いませんが、共通して使えることも多くあるのではないかと思っています。

無理のある部分は笑って読み飛ばして頂けると幸いです。

ところで、プラスティーという社名の由来をよく聞かれるのですが、ここには僕の思いが詰まっています。

「CHANCE」（チャンス）と「CHANGE」（チェンジ）というスペル、非常によく似ていて、「C」と「G」だけが異なります。「C」の文字に「T」をつけ加えれば、「G」の形になります。「T」は「TRY」（挑戦する）の「T」。「CHANCE」に「T」を足せば、「CHANGE」になるのです。

日本の教育をチェンジ（CHANGE）するために、チャンス（CHANCE）に果敢《かかん》にトライ（TRY）していこう――そういう思いを込めました。これからもその精神で挑戦を続けていきたいと思っています。

本書の出版に際して、ＰＨＰ研究所の越智《おち》秀樹さん、次重浩子さん、編集の高木繁伸さん、角田由紀子さん、プラスティーのスタッフなど、多くの方々に多大なるご協力を頂きました。心より感謝申し上げます。

２０１４年　春

清水章弘

現役東大生がこっそりやっている、すごい！勉強のやり方　もくじ

3時限目 基本的に勉強が苦手。やる気が起きない！

4 時限目

いつも三日坊主。やる気が続かない!

5 時限目

壁にぶちあたった! くじけそう!

1
時限目

勉強は楽しんだ者勝ち！
こんなやり方なら
どんどん伸びる

1 時間との勝負で「ゲーム化」すると、集中力がアップする

タイマーと競争するイメージで

僕の実家には、りんごの形をした60分のキッチン用タイマーがあり、中学受験のときは、それを活用して勉強していました。

まず、**「この問題集をここからここまで、60分でやろう」とタイマーを設定します。そして、あえてタイマーは見ないようにして、無心でガーッと問題集に取り組みます。**

やり終わったら、タイマーを見ます。そのとき、時間がたくさん残っていたら「勝った！」と、いい気分を味わえるのです。いわば、タイマーとの競争ですね。

そのりんごのタイマーは、分数のみを表示するタイマーで、1分を切ると59、58、57……と秒単位でカウントダウンが始まるのですが、「なんとかその前にタイマーを見たい！」と必死でした（笑）。

「今日は何分残せたかな？」とタイマーを見るのが楽しみで、勉強もがんばることができたように思います。

逆パターンとして、「30分だけがんばろう」と決めて集中して打ち込み、ふと時計を見て「ああ、もう40分もやってる！」とうれしくなることもあります。

プールで潜水《せんすい》をやり、必死で潜《もぐ》り続けて、ふわっと浮いた瞬間、「あっ、こんなに泳いだんだ！」とうれしくなるのと同じ感覚ですね。

「これしか時間をかけないで終えられた」あるいは「これだけできたんだ」と感じられると、達成感がありますし、モチベーションもぐっと上がります。

がんばった分だけ休み時間が増える！

タイマーを設定して時間と競争するように勉強する、という方法は、中学受験だけでなく、大学受験のときもやっていました。

そのときは、余った分数を書き留めて加算し、たまった分だけ休憩する、というルールを作りました。勉強を始めるとき、この問題を10分、次の問題を15分で終わらせる、などと制限時間を決めます。

たとえば、最初の問題を7分、次の問題を10分で解いたら、それぞれの余った時間を足した3＋5＝8、つまり8分の休みが獲得《かくとく》できるわけです。

がんばった分だけ、「ごほうび」がもらえるので、自然と気合が入ったものです。

もちろん、獲得した休み時間すべてを使う必要はありません。休み時間が30分くらいたまっても、あえて10分しか休まないのもいいと思います。「休まないオレ、えらいなぁ」と少し誇《ほこ》らしい気分になれたりするのです（笑）。

短期間で集中して勉強をする必要がある人は、理想としては、**がんばればギリギリできるかな？ くらいのところに時間を設定し、休み時間を作らないでおくこと。**

そうすると、全力で取り組まなければ休み時間は残りません。ものすごく集中して勉強した結果、休みが得られると、充実感が違います。

高3の頃は、「休みは勝ち取るものだ」と思って、このような勉強を続けていました。

ゲーム感覚でやって「勝てばごほうびがもらえる！」と考えれば、気が乗らないときや、気が進まないことをやるときでも、がんばれるのではないでしょうか。

タイマーと競って集中力をUP！

① やるべきことの時間配分を決める

今から1時間で
テキスト10ページ
終わらせよう
60:00
タイマーセット！

② タイマーを見ないで課題に集中する

時間との
勝負だ。
がんばるぞ…
チッチッチ……
13:05

③ 余った時間は休みにする

04:30
4分30秒残った！
休憩時間が
増えたぞー！

がんばった分だけ、いいコトがある仕組みを作ろう！

2

僕を東大に合格させてくれた「返し縫い記憶法」

2分で覚えて1分でテスト！

高校生の頃、僕は日本史のノート暗記が苦手でした。

細かい事項が満載《まんさい》で、しかもひとつの定期テストの試験範囲が30ページもあるのです。

当時、暗記ものは電車の中で、と決めていたのですが、ノートを眺《なが》めていてもまったく覚えられません。

「どうやって覚えようか」と途方《とほう》に暮れていたとき、ある方法を思いつきました。

名づけて「返し縫い記憶法」。

どういう方法か、ご説明します。

たとえば単語のノート（1ページ10語くらいが適量です）を3ページ分覚えたいとしましょう。

① 1ページを2分で覚え、覚えたかどうか、1分でテストします

② 次に、2ページ目を2分で覚え、また、1分でテスト

③ 次は1ページ目に戻って、覚えているかどうか、1分テスト

④ 3ページ目を2分で覚え、1分でテスト

⑤ 2ページ目に戻って、1分テスト

⑥ 3ページ目を1分テスト

⑦ 最後に、全ページを1分ずつテスト

タイマーをフル活用して、次のページに移るときは、間髪《かんはつ》をいれずにどんどんいきます。

行って戻って……を繰り返すのが、裁縫《さいほう》の「返し縫い」に似ていますよね。なので、名づけて「返し縫い記憶法」です。

これをやると、**1ページにつき、1回覚えて、3回テストする**ので、3ページが15分で覚えられます。

暗記の時間がすごく短くなった！

実際にこれをやってみたところ、ものすごい効果に自分でもビックリ。

ゲーム感覚でサクサク進むため、緊張感があって飽《あ》きませんし、**間をおきながら3回テストするため、記憶が定着しやすい**のです。

この方法は、集中してやることが必要なので、電車の中ではなく、自分にとって最もやる気がある時間にしっかりやりました。

覚える時間が「2分」というのも、僕のこだわりです。

1分だと短すぎるし、かといって3分取ると、ちょっとダラダラしてしまう。2分が集中して覚えるためのベストタイムではないか、という結論になりました。

ですから、暗記するものは、2分で覚えられそうな量に絞《しぼ》るのがいいでしょう。1ページが2分で覚えられる量でなければ、5分に増やすのではなく、2分で覚えられる量に細分化してください。英単語なら10個くらいが適切だと思います。

「返し縫い記憶法」を使えば、ノート30ページは150分、つまり2時間30分で覚えられます。おかげで暗記の時間がすごく短くなりました。

東大に受かったのも、この方法があったから、といっても過言ではありません。

暗記にお困りの方は、ぜひ試してみてください。

びっくりするほど効果的！「返し縫い」記憶法

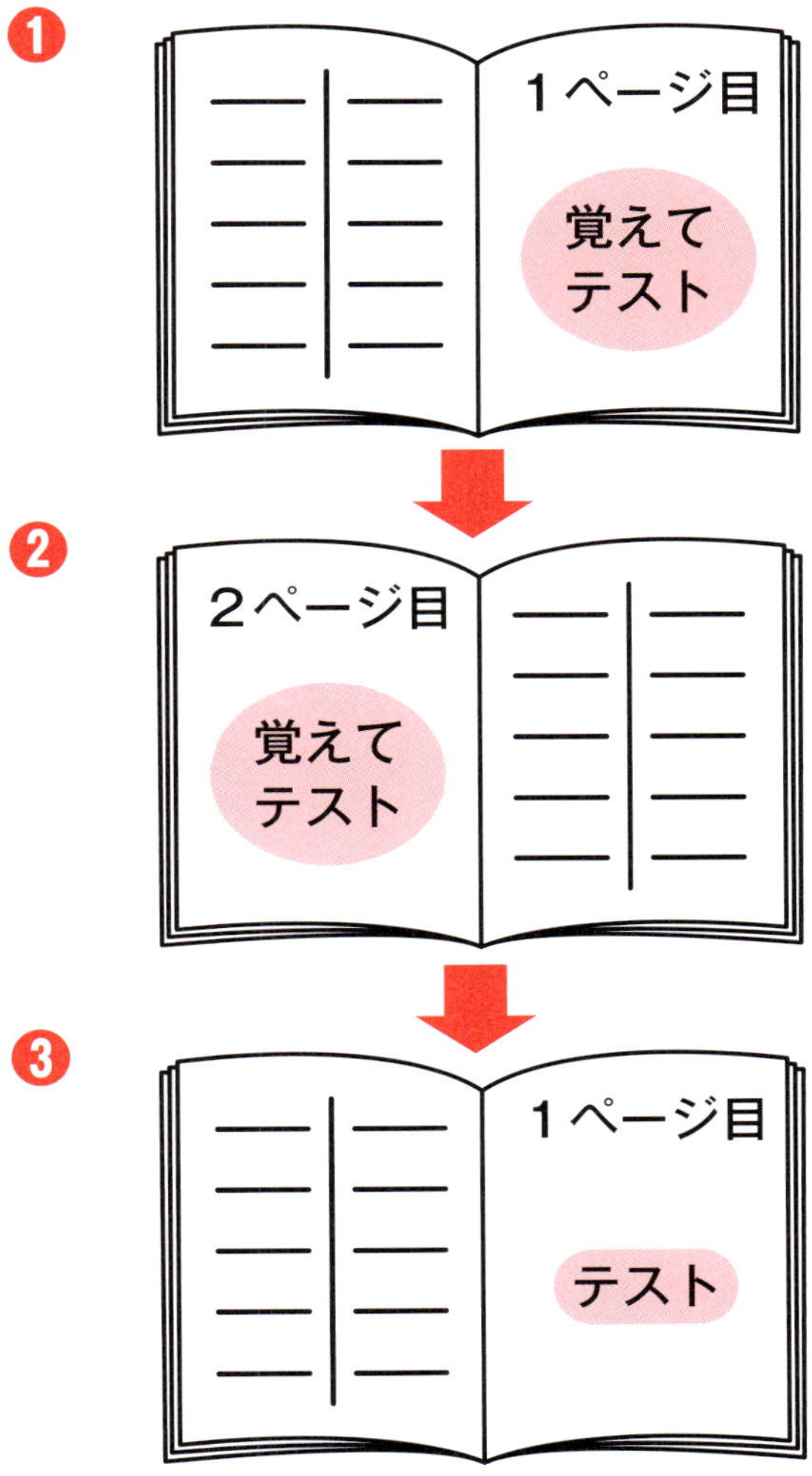

❹ 3ページ目を　覚えてテスト

❺ 2ページ目を　テスト

❻ 3ページ目を　テスト

ひととおり
やったら…

最後に
全ページを
テスト

“行って戻る”「返し縫い」記憶法

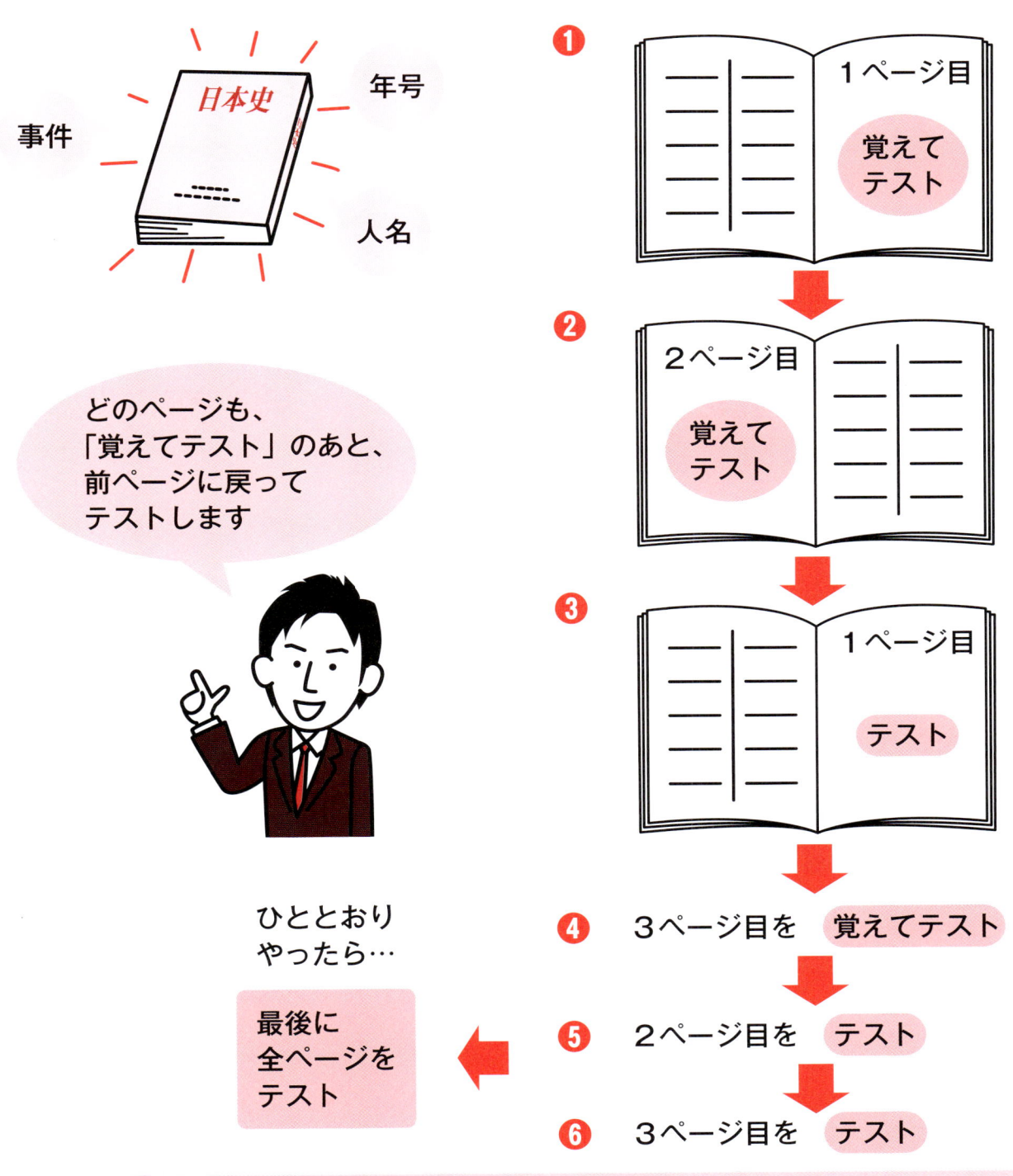

3 単調な作業は切り分ける。どんどんクリアして楽しく!

ケーキは切って食べれば目標をラクにクリアできる

坦々《たんたん》と単語を覚えるのは退屈だ。手間ばかりかかって、単調な作業が延々と続くと飽きてくる……。

そんなときは、その勉強や作業を「ゲーム化」してしまいましょう。

たとえば、「来月の試験までに、50ページ分のテキストをやらなければいけない」と考えると、その膨大《ぼうだい》な量にうんざりしてしまいますよね。

でも、**作業を分割して「いつまでにいくつ覚える」というようにすれば、ぐっとやりやすくなります。**

分割の仕方は、まず、やるべきことに割《さ》く時間を決めるところから始めます。

「平日の1時間をこの勉強に割こう」となったら、1ヵ月間で取れる時間は、

1時間×5日×4週間＝20時間。

この時間でテキストを50ページこなすとすると、1時間に2・5ページずつ進めればいいことになります。

これは、僕が何事に対しても基本的な姿勢として持っている「ケーキは切って食え」という方法です。

ケーキを丸ごと食べようとすると大変ですが、ちょっとずつ切って食べれば、サクサクとゲーム感覚で目標をクリアしやすくなるのです。

「ここまで終わった!」という達成感がモチベーションを高める

社内でも、社員はみんな「ケーキは切って食え」を実践しています。

僕らの塾の季節講習では、「あなたは今、成績がこのくらいで、この小テストの結果がこうだから、この講座を取ったほうがいいです。これは取らなくてもいいです」と、生徒ひとりひとりに合った講座をピックアップして推薦する方式をとっています。ひとりひとりの能力と進捗《しんちょく》状況に基づいて判断するので、準備にかなり手間がかかります。

こういったタフな仕事に取り掛かるとき、漠然《ばくぜん》と「冬期講習のご案内の準備をしなきゃ」と考えていると、大変に思えてしまうのですが、社員たちはみんな「ケーキは切って食え」のように作業を細分化しています。

①まずは、生徒全員の成績状況を分析する、②生徒ひとりひとりの推薦講座を考える、③次にメールで案内を送る、④個別指導の場合は日程調整をする……と作業を細分化して階段を作り、「これはいつまでに終わらせる」と時間配分をしているのです。

そして「ここまで終わった!」と考えて、モチベーションを高めていくのです。

タフな作業や単調な勉強が続くときは、**「よし、この作業を30分以内に終わらせちゃおう!」と時間を計ってカウントダウン方式でやると、楽しく進められます。**

「あと30分で、試験範囲の単語を総チェックしよう」

「2時までに、次回の打ち合わせのプランをまとめよう」

このように決めて、タイマーをセットし、カウントダウンしていくと、緊張感や、ちょっとしたスリルを味わいながら、集中して取り組むことができます。

仕事も勉強も、どうせやるなら、楽しくやりたいですからね。

“大変だ！”と感じたら、やるべきことを切り分ける

ミッション 来月の試験までに、テキスト50ページ分こなす

ムリ～
ケーキは切って食べれば食べやすくなります

① やるべきことに割く時間を決める

平日に
1時間ずつ
やってみよう

② 期日までに取れる総時間数を出す

1時間×5日×4週間＝20時間

③ 1日にやるべき量を割り出す

0.5ページ＋2ページ

50ページ÷20日
＝2.5ページ／日

1日に2.5
ページなら
できそう！

やるべきことを細分化して、「いつまでに終わらせる」と時間配分をすれば、負担感なくサクサク進む！

4 誰も興味がないことを得意分野にする

みんなが見落としがちなことに大事なことがひそんでいる

大学生のとき、僕はホッケー部でスイーパーをやっていました。スイーパーはディフェンダーの要《かなめ》で、冷静さが求められるポジションです。

監督からは、「常に逆サイドを見ろ」と言われていました。

右サイドでプレーしているとき、多くの選手はそちらに注目しています。でもあえて左サイドに気を配っておくことで、センタリングを上げられてゴールされるのを防げ、というわけです。

このアドバイスのおかげで、スイーパーとしてのセンスを磨くことができました。

みんなが注目していないところに、見落とされがちな、大事なことがある。

ホッケーでそれを学んだ僕は、みんなが着目していないところをやってみよう、と心がけてきました。

大学で研究対象を選ぶときも、あまり他の研究者が取り組んでいない対象を選びました。

たとえば、僕はずっと地方の複式学級（異年齢学級）を研究してきました。ほとんど誰も研究していない対象を選んだため、今では教育委員会や学校関係者の方々から意見を求めて頂けるくらいには詳しくなることができました。これらの実績が現在務めさせて頂いている青森県三戸《さんのへ》町教育委員会の学習アドバイザーのお仕事につながっています。

他の人と違った「強み」を持つことは、社会で力強く生き残っていくのに大切なんだな、と実感するようになりました。

他の人がやらない教科は成績アップしやすい

これは勉強でも同じだと思います。

あなたの学校にも、特定のことにやたらと詳しい〝○○博士〟みたいな人がいませんでしたか？

歴代将軍の名前を全部言える歴史博士とか、虫の名前や飼い方にめちゃくちゃ精通《せいつう》している虫博士とか……。

そういう人たちはたいてい、生き生きと学校に来ています。みんなが知らないことに詳しくなると、「オレだけ知ってるぜ！」とちょっと誇らしい気持ちが持てますし、周囲が興味を持ってくれますからね。

「そんなこと知ってるなんて、すごいね」「えっ、そんなマニアックな資格持ってるの？」と、一目おかれるので、自分のポジションも確立でき、自分に自信が持てるようになっていきます。

成績がなかなか上がらない生徒に、僕は「まずは1教科、成績を上げよう」と指導することがあります。

ターゲットは、他の人が手を抜きがちな副教科。みんなあまりマークしていないので、成績アップにつなげやすいのです。

1教科が目立って上がってくると、みんなに勝った、という喜びが味わえます。

もちろん、勉強は勝ち負けではありません。でも、**「これなら勝てる」と自信が持てると、勉強が好きになり、「もっと調べてみよう」と興味の幅が広がります。**

そうした意欲が、モチベーションアップにつながっていくのです。

みんなが見ないところに注目せよ！

右サイドから攻撃されているときも…

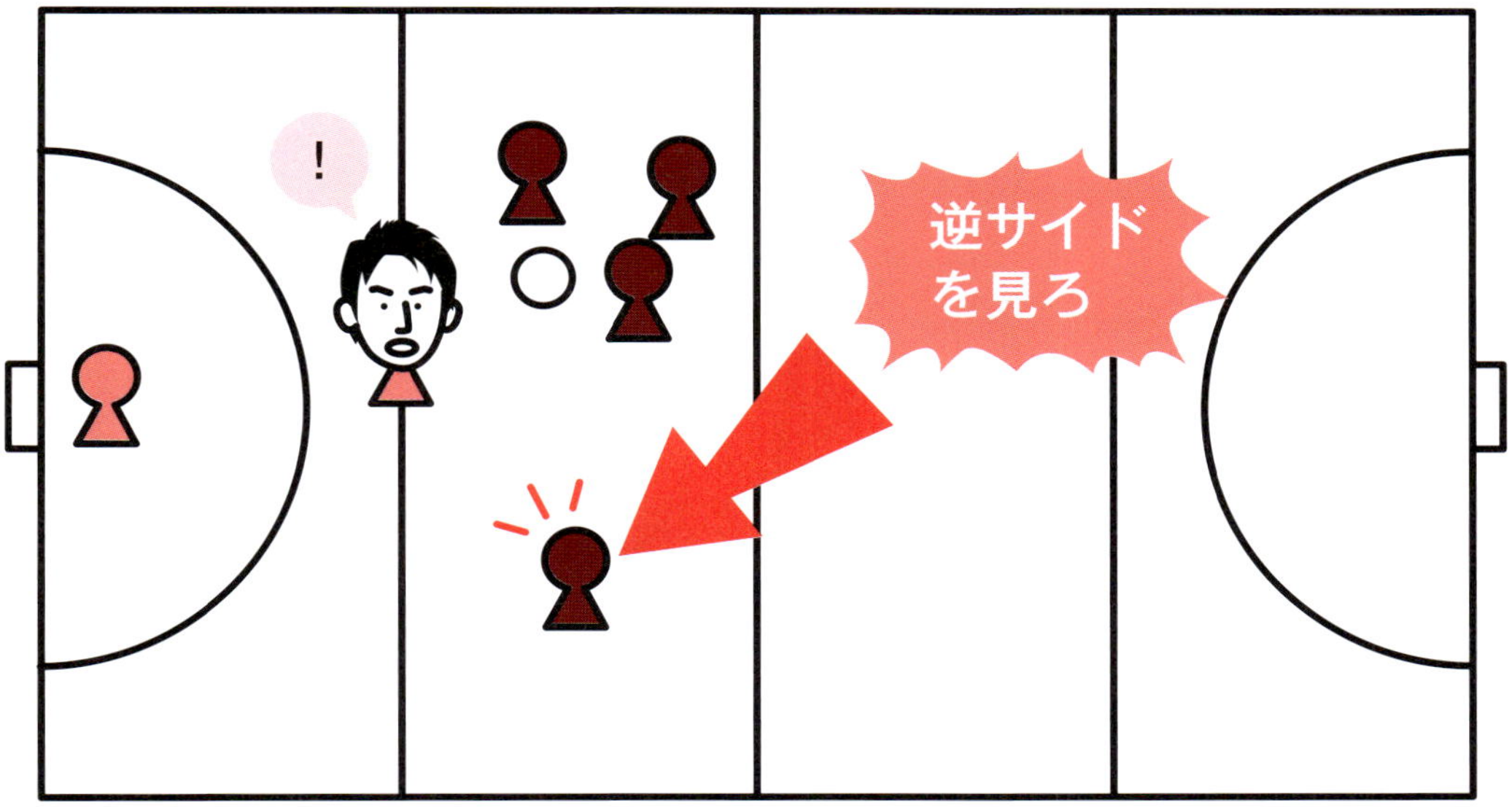

みんながマークしていない教科に力を入れると、成績アップしやすい

自分に自信が持てて、勉強が好きになり、やる気が増す

5 テキストが頭に入らないときは、音読しながら部屋をぐるぐる

声に出し、文字を打って身体を使うと頭に入る

難しい本を読んでいるとき、あるいは集中力に欠けていて、どうも頭に入ってこないときには、五感をフル活用して、楽しく勉強するのがいいと思います。

おすすめなのは、テキストや本を音読することです。

集中できていないときは、文章が頭に入らず、流れていってしまっている状態なので、一文字一文字ときちんと向き合うために、口に出すわけです。

口に出した言葉は、耳からもう一度聞くことになるので、頭にしっかり入ります。読みながら歩き回ると、さらに効果が上がるように思います。

音読の代わりに、パソコンに打ち込むのもいい方法です。教科書の文章などを、どんどん打ち込んでいくのです。

よく「手で文字を書き写せば覚えられる」といいますよね。

もちろん、それでもいいのですが、手書きは時間がかかるので、パソコンでスピードアップするわけです。

打ち込むときには、言葉をしっかり読んでいないと、間違えてしまいます。頭に1回入れてから出力する作業は、音読と同じ効果があると思います。

僕は大学院受験のときに、この方法で勉強していました。

哲学書など、難しい本にチャレンジするときなども、頭になかなか入らなかったら、音読してみると、案外頭に入ってくるものです。

暗記ものや数学も五感を活かせ！

五感を使って暗記したいときには、「リード&ルックアップ」という方法がおすすめです。

その名の通り、**「読んで、顔を上げる」覚え方**です。たとえば、英語のことわざである〝Where there is a will, there is a way.（意志あるところに道あり）〟というフレーズを覚えたいとき、まず〝Where there is a will, there is a way.〟と繰り返し音読しながら覚え、次に顔を上げて同じことを繰り返すのです。

顔を上げるのは、覚えたことを見ないで言うためですが、上を向くことで姿勢が変わるので、ちょっとしたリフレッシュ効果もありそうです。

暗記もの以外、たとえば数学でも五感を使う方法は効果的です。

左ページの問題を見てください。

この問題の解き方を、答えを見ずに解説することができますか？

「xの二乗をX（ラージエックス）と置き換えると、X二乗＋2X＋1となるから、（X＋1）二乗になり、答えは（x二乗＋1）二乗」というように、説明できればOKです。

これは「目で解く」という方法で、計算は省《はぶ》いて方針を言葉で説明するのです。

声に出すことで、頭にもよく入りますし、手を動かして問題を解く時間がないときに復習する方法としても、おすすめです。

身体を使えば覚えやすい！

音読しながら歩き回る

文章をパソコンに打ち込む

リード&ルックアップ

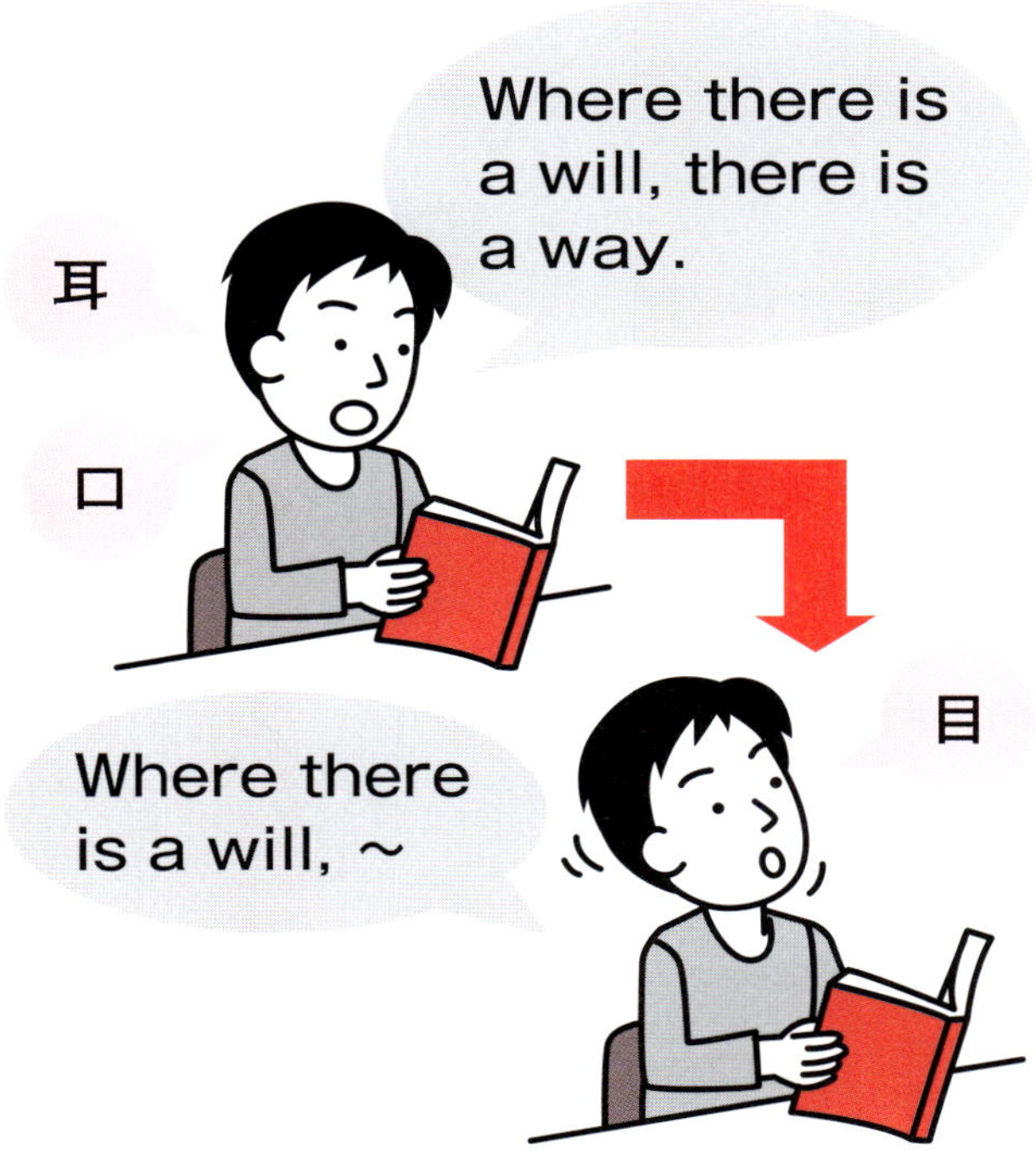

目で解く

Q.　$x^4+2x^2+1=?$

A.　X^2+2X+1
$=(X+1)^2$
$=(x^2+1)^2$

身体をフル稼働させると頭によく入る

6 〝エースの時間〟を知っておく

エースの時間帯なら苦手なこともこなせる

スケジュールを立てるとき、僕は「この勉強（仕事）をやるのには、どの時間帯がいいか？」を考えます。

よく、「朝が一番頭の働く時間帯だ」という人がいますが、僕は必ずしもそうではなくて、プチ昼寝のあとに最も頭がフル稼働《かどう》します。

この時間は、いわば僕にとっての〝エースの時間〟。頭がすっきりして、やるべきことがサクサク進みます。

だから、こまめに〝プチ昼寝〟の時間を作って（4時限目p．72をご覧ください）、寝起きのタイミングを意識して作り出そうとしているように思います。

逆に、最悪なのは昼寝の前。まあ、眠いのですから当然ですが……。

自分にとっての〝エースの時間〟を知っておくと、能率がぐっと上がります。

前の項でも述べましたが、僕は学生の頃、歴史の暗記ものが苦手でした。いつもは電車の中などのすき間時間にやっていたのですが、歴史だけはどうしても覚えられない。

そこであえて〝エースの時間〟に暗記ものをやろうと決め、「2分―1分返し縫い記憶法」でガッツリ暗記に取り組んだのです。

このように、**自分の不得意なものとか、手間がかかって面倒だなと思えることを、この時間帯に持ってくると、すんなりできてしまうことがあります。**

仕事でいえば、ミスが起こったらまずいことは、エースの時間に持ってくるようにしています。この時間だと頭が働くので、つまらないミスをしにくいのです。

あるいは、大事な事務処理なのに、ついつい後回しにしてしまっている、というようなことも、あえてここに入れて、きちんと終わらせるようにしています。

好きじゃないこと、でも大事なこと、後回しにしがちなことから逃げないためにも、エースの時間にガツンと当てて、サクサク終わらせてしまうのです。

スケジューリングも楽になる

エースの時間を知っておくと、スケジューリングも楽になります。

知り合いのマスコミ関係の方は、「外出して帰ってきたあとが、一番やる気の出る時間」だということでした。

外出予定は、たいてい前日くらいには分かっていますから、「この打ち合わせから帰ってきたら、〇〇をやろう」と決めておけば、最もやる気のある時間に何をするかが決まり、貴重な時間を漫然《まんぜん》と過ごすことがなくなります。

さて、あなたは、どの時間帯に最もやる気が出ますか？

ぜひ〝自分にとってエースの時間はここ！〟という時間帯をみつけて、日々の勉強や仕事を軽やかにこなしていきましょう。

自分にとっての“エースの時間”を探せ！

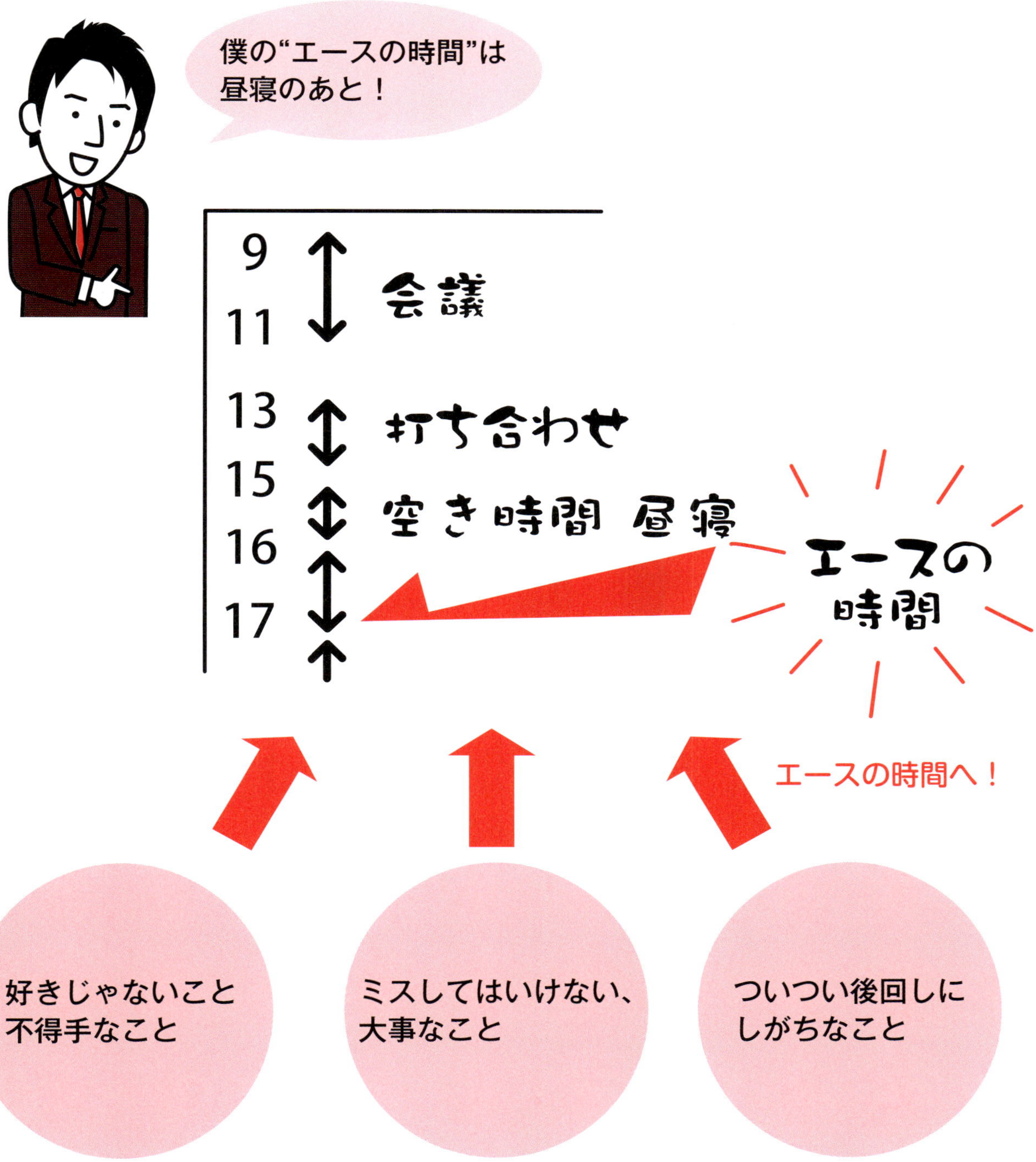

一番やる気のある時間帯に懸案事項を片付けよう！

7 「ながら」勉強で集中力を上げる

3パターンの「ながら」で集中力をアップ

「どうも調子が乗らないなぁ」というとき、僕はよく、音楽の力を借ります。

いわゆる「ながら」ですが、誤解しないで頂きたいのは、常に音楽を漫然と流しているのではない、ということ。

「無音よりも、音楽をかけたほうが能率が上がる」と判断したときにのみ、かけます。

だから、集中度が高まってきて、音がうるさく感じ始めたら消します。

音楽は、そのときの状況や気分に応じて、かけ方を変えます。パターンは次の3つ。

1　フルアルバムを通してかける

2　同じ曲を「再生ボタン」を押しながら、繰り返しかける

3　同じ曲を、自動的にリピートさせながら繰り返しかける

まず1ですが、アルバムには静かな曲とアップテンポな曲が取り混ぜて入っているので、単純な作業で飽きたときに、ちょっとはずみをつけたいとか、楽しみながら頭を活性化させたいときに聴いています。

2と3は同じ曲を繰り返しかけるのですが、ちょっとパターンが違います。

2は、1曲終わったら、自分で再生ボタンを押して、またかけます。

たとえば4分間の曲だったら、4分ごとに再生ボタンを押す、という作業が入るので、自分の中で「次の曲が終わる4分後までに、ここまで終わらせよう」というように、ペースメーキングができるのがいいところです。

3は、自動的に同じ曲をリピートさせます。

これはYouTube repeatを活用するのがおすすめ。やり方は、見たいYouTubeの動画を再生し、動画のURLの「youtube」に続けて「repeat」と入力し、エンターキーを押すだけ。すると、別のサイトに切り替わり、連続再生してくれる仕組みです。

これをやると、**最初は「ああいい曲だな」と感じているのですが、だんだんとそれが心地よい雑音に変わっていき、集中が深まっていきます。**原稿を執筆するときは、このパターンを使っています。

音楽を聴くのは集中する手段。目的にならないよう注意！

流す曲は、歌詞の意味が分からないものがおすすめです。日本語の歌詞だと、どうしても言葉に反応して気が散ってしまうので、避けたほうがいいでしょう。

僕は洋楽やクラシック、ときにオルゴール的なものも聞いています。α《アルファ》波が出ると聞いて、波の音をBGMにしていたこともありました。

繰り返しますが、仕事中や勉強中に音楽をかけるのは、あくまで集中するための「手段」です。

手段が目的化して、音楽に気を取られては本末転倒。

ときどき、自習室で音楽を聴いている生徒を見かけるのですが、「なんで音楽聴いてるの？」と聞いて、答えられない場合には「消してね」と言っています。

ぜひ、上手に活用してください。

パターン別“ながら”勉強法

なんとなく
聴いている…は×

◆単純な作業に飽きたとき…

◆楽しみながら頭を活性化させたいとき…

フルアルバムを通してかける

➡ 変化のある曲ではずみをつける！

◆ペースメーキングしたいとき…

**「再生」ボタンを押しながら
繰り返し同じ曲をかける**

➡ 音楽がタイマー代わりになる！

◆気が乗らないが、集中力を高めたいとき

**自動的にリピートさせながら
同じ曲をかける**

➡ だんだん適度な雑音に
変わっていく

音楽は、うまく使えば集中力を上げたいときのきっかけ作りになる！

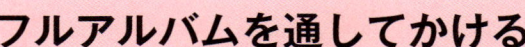

8 自分がうまくいっていた頃の曲を聴く

ポジティブなスパイラルを作り出そう

「本当にできるのかな」と自信がなくなったり、自分の能力が信じられなくなってしまって、やる気が落ちることってありますよね。

そんなとき、僕は、自分がうまくいっていた頃に聞いていた曲を聴きまくります。

そして、無理やりにでもポジティブなスパイラルに持っていきます。

大学の体育会ホッケー部に所属していた僕は、4年のときの秋リーグで、非常によいパフォーマンスを発揮できていました。

リーグ中にずっと聴いていたのが、アメリカのロックバンドweezerの「In The Garage」という曲です。

落ち込みそうなときにその曲を聴くと、**自分が輝いていたあの頃を思い出し、「大丈夫！　きっとうまくやれる！」と元気を取り戻せて、うまくいきそうな気分になれるのです。**

自分がいいパフォーマンスを発揮したときのことをイメージし、いつでもそのメンタリティで物事に臨めるようになるテクニックを「アンカリング」といい、トップアスリートたちも実践している方法だそうです。

うまくいっていた頃の曲を聴く、という方法も、これに近いものだと思います。

写真やメール、テスト……自分を励ましてくれるものをキープ

音楽を聴く以外でも、自分の成功体験を思い出せる方法なら、なんでもOKです。

たとえば、自分が輝いていた頃の写真を見る、というのもいいかもしれません。

外国の映画を観ると、リビングや自室に、アメフトのユニフォームに身を包んだ若い頃の写真とか、輝いている自分の写真を貼ってあるシーンが出てきますよね。

同じように、自分がうまくいっていた頃の写真を部屋に貼っておくことで、自分への自信をキープすることができるのかもしれません。

ちなみに僕は、変な表情で写っているとか、よく写っていない写真は、削除することにしています。見るたびに落ち込んでしまっては損ですからね。

あるいは、**点数がよかったテストを貼っておく、という手もあります。**

僕も高校生の頃、いい結果が出せた模試を見て、気持ちを上げるということをしていました。さすがに壁にバーンと貼るのは恥ずかしかったので、目に入るようなところに、こっそり置いていました。

今は、パソコンデスクの前に、生徒のお母様から頂いた感謝の手紙を貼っています。これを見ると、「こういうお手紙を頂き続けることができるようにがんばろう」と日々、思うことができるのです。

うれしいメールを頂いたときは、プリントアウトして保存しています。これも、何かあったときに見ると、勇気がもらえます。

なんであれ、自分がくじけそうなときに心の支えになるようなものを用意しておくと、いざというとき、それが助けになってくれると思います。

これで“ポジティブスパイラル”に入ろう！

うまくいっていた頃の曲を聴く

あの頃は
毎日楽しかったなぁ…

自分が輝いていた頃の写真を見る

あのときは
がんばったなぁ…

いい点数を取ったテストの答案を貼る

すごく集中
できたん
だよね〜
95

うれしいメールは印刷して保存

成功体験はくじけそうなときの力になる

9 高価なノートを使ってみる

コストと時間を常に天秤にかける

僕は、仕事で長時間新幹線に乗るときは、必ずグリーン車に乗るようにしています。

ちょっとぜいたくなようですが、グリーン車に乗るのと普通車に乗るのでは、疲れ方が違います。グリーン車でアイマスクをして寝ると、夜の睡眠時間が少なくてすむので、それだけの料金を払う価値があると思っているのです。

次の日に体力を残したい、そのための投資だと思えば、多少お金がかかってもそれは自分にとって有効な使い途《みち》です。

2週間に1回、自宅の掃除を清掃業者さんにお願いしているのも、同じ考えからです。

シーツやタオルの交換や、水回りの清掃中心なのですが、毎月2回、業者の方に入って頂くだけでずいぶんときれいになり、かつ時間も節約されます。ただ、僕の性格上、業者さんに「汚い部屋だな」と思われたくないので、来られる前に自分で片付けや掃除をしてしまうのですが……。月額1万5000円なので、決して安い出費ではありませんが、専門業者さんが入ってくださることで浮く時間を仕事に充《あ》てたいので、なんとか自分の収入から捻出《ねんしゅつ》しています。

普段から常にコストと時間を天秤にかけて、「自分にとって、どちらがいいか?」を考え、お金を使うようにしているのです。

立派なノートを使えば下手なことは書けなくなる

文房具にも、それなりにお金をかけています。

普段使うノートは、基本的に1冊。ミドリのMDノート（A4変型判）に決めています。

このノート、値段は1冊1600円と高いのですが、とても使いやすいのです。

糸かがり製本なので、ページがしっかりと開けるし、大きいので書きやすい。

無罫、横罫、方眼罫の3種類ありますが、僕は無罫（無地のもの）を愛用しています。

ます目や罫線があると、思考が制限されてしまうような気がするので、何もないほうがいいのです。

これだけ立派なノートには、「ダメなアイディアは書けないぞ」という気持ちになります。内容がしょぼいと、なんだか釣《つ》り合いが取れないような気がするのです。

いいノートを使うことで、「それに見合う内容を書こう」という気持ちが働くのであれば、高いノートを使うのは決してもったいないことではないと思っています。

余談ですが、このMDノートは重くて分厚い（176ページもあります）ので、他に持ち運び用の軽いノートも用意しています。

こちらは無印良品のノート。MDノートに比べ、ぐっとリーズナブルですが、軽くて使いやすいので重宝しています。

お金を使うときに気をつけているのは、「まあいいや」という感じで使わないこと。

文房具にせよ、新幹線のグリーン車にせよ、「使うことに価値がある」と思えば、お金を使います。

それで時間が捻出できたり、モチベーションが上がったりするのであれば、悪くない方法ではないかなと思っています。

お金を効果的に使って、体力とモチベーションをキープ

出張の新幹線はグリーン車を使う

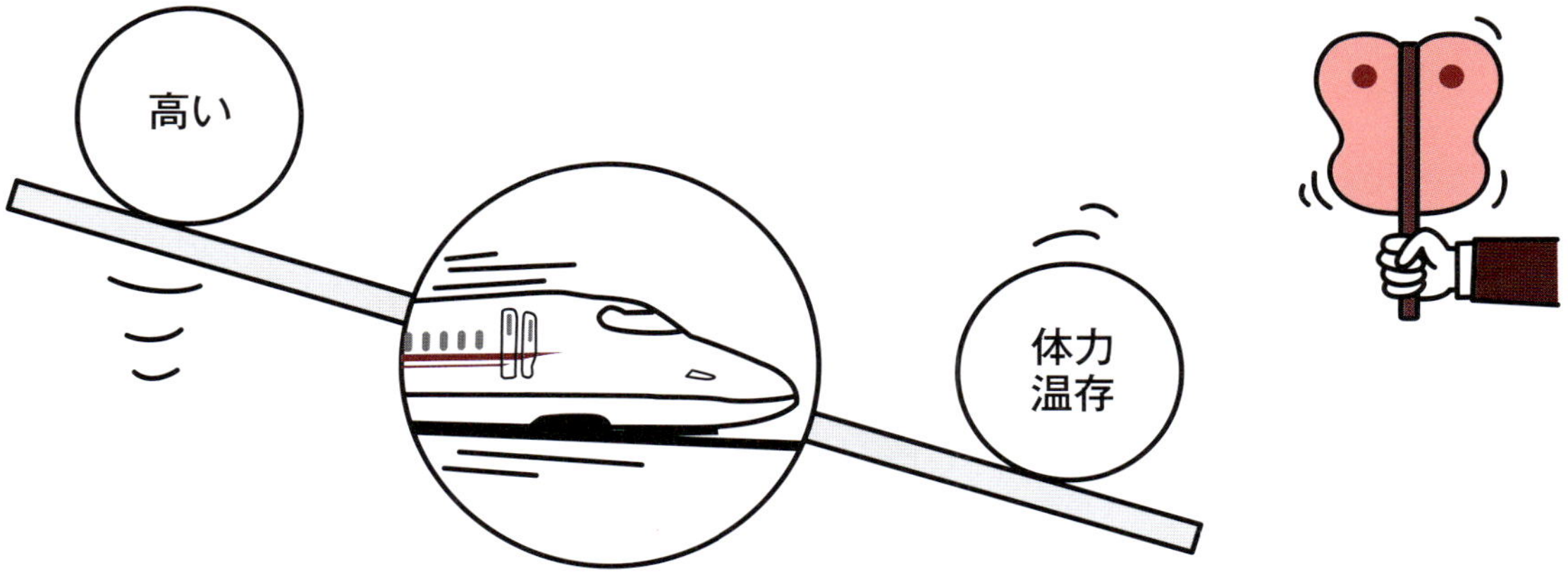

ときどき、自宅の掃除を清掃業者に頼む

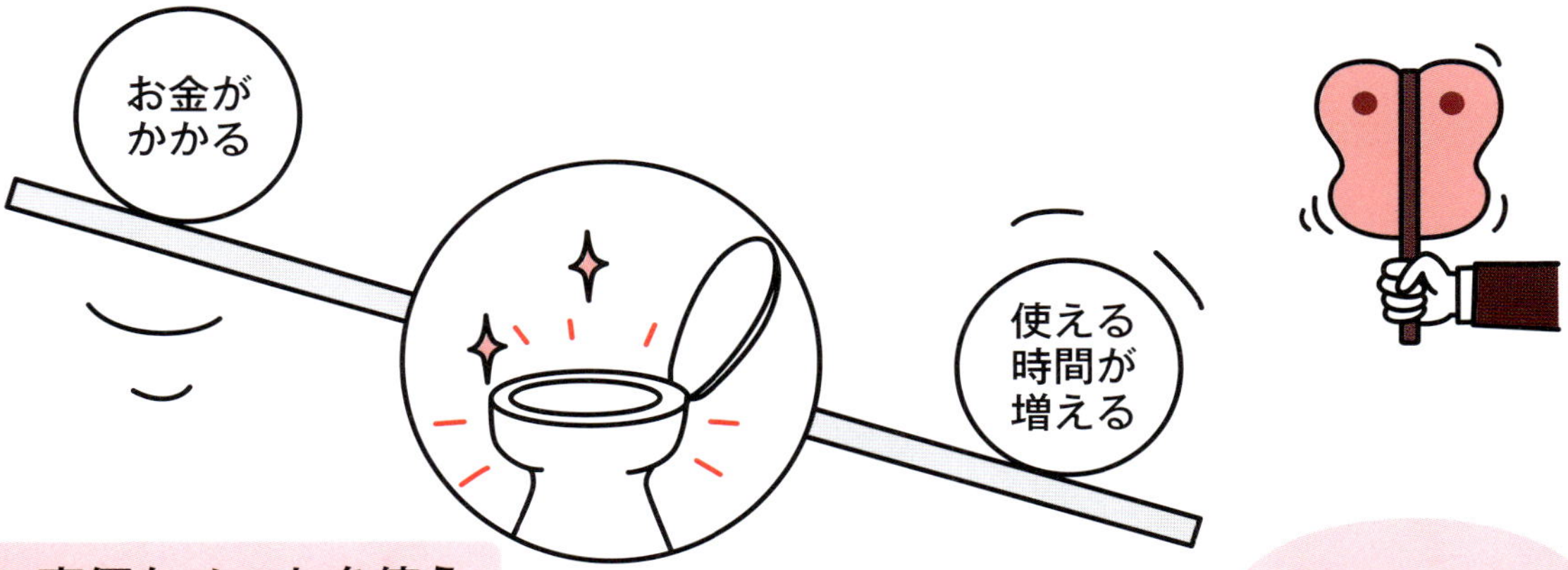

書きやすい高価なノートを使う

「その分がんばろう」と思えば、無《む》駄《だ》遣《づか》いにはならない

Column 1

ウチはウチ、よそはよそ

両親の教育に感謝していることがあります。

それは幼い頃、「ウチはウチ、よそはよそ」を貫《つらぬ》いてくれたことです。

典型的な例として、「必要ないものは買わない」というルールがありました。

僕は三人兄弟の末っ子で、中学生になるまで洋服を買ってもらったことがありませんでした。2つ上と7つ上に兄がいて、ずっと兄のお下がりを着ていました。

中学校に入ると、兄と体型が違ったこともあり、ときどき買ってもらえるようになりましたが、「ユニクロ」もしくは「ファッションセンターしまむら」限定でした。

小学校で使う裁縫《さいほう》セットも習字セットも当然買ってもらえませんでした。裁縫セットは、母親のを詰めあわせたオリジナル裁縫セットを作られ、絵の具セットは、父親の20年前のパリパリになったものを渡されました。周りの友だちに笑われ、恥ずかしい思いをしたのを覚えています。

「なんでダメなの？」と聞くと、決まって一言、「必要ないから」。そう言われては、反論しようもありません。泣いたりわめいたりしても、うちの親（とりわけ母親）は微動《びどう》だにしません。「なんで僕だけ買ってもらえないの！」と騒いでも「ウチはウチ、よそはよそ」で終わり。

他にもいくつか例はあります。

お金を出してもらうときは「正座」。

小学生以降、学費を出してもらうときや塾に通わせてもらうときは、父親の前に正座して、「お願いします」と頭を下げてきました。

東大に合格したときも、ひととおりみんなで喜んだ後、夜には「ありがとうございました。春から大学に行かせてください。よろしくお願いします」と正座して頭を下げる。

当然と言えば当然なのですが、時代錯誤《さくご》感も否めない風習ですよね……。

子供の飲み物は「牛乳」。

牛乳は強い身体を作る、と母親は信じ込んでいたので、朝昼晩どんな食事でも、飲み物は牛乳でした。

中学生までは「父親が髪を切る」。

これも変な話ですが、うちにはバリカンを含め、なぜか髪を切るキットがあり、中学3年生までは父親に髪を切ってもらっていました。嫌で嫌でしかたがなかったのですが、これも清水家のルールでした。当時は「1000円カット」もない時代だったので、「もったいない」と父親が全部切っていました。さすがに親も鬼ではないようで、高校生になったら徐々にお店に行かせてもらえるようになりました。ただ、先日父親にその教育的意義を聞いてみたところ「オレが切るのが好きだったんだ」「できれば今も（僕の髪を）切りたい」という衝撃的なコメントが返ってきました（唖然《あぜん》）。

いろんな例を書きましたが、ルールそのものに感謝しているわけではありません。一貫したルールの中で育ててくれたことに感謝しているのです。

いったん家の外に出ると、絶対に守らなければいけないルールが多くあります。それに従う基礎力をつけさせてもらった気がしています。

ただ、すべてのルールを押しつけたりはしませんでした。

将来的には世の中を変える人、つまり自ら新しいルールを作り出す人になって欲しかったようなので、家の外のことは真逆の方針を打ち出していました。

それに関しては、次のコラム「文句があるなら自分でルールを変えなさい」で書きたいと思います。

2 時限目

モチベーションが下がらない仕組みを作ろう

1 自分の行動を「見える化」する

行動記録をつけると自分をコントロールする力がつく

僕は大学4年間、体育会のホッケー部に所属していました。しかし、大学2年の夏、部活でけがをして、長期のリハビリが必要になってしまいました。

リハビリのために病院に通っていたのですが、自主練習の時間や筋トレの時間もなくなり、時間が急に余るようになって、ダラダラしがちな生活になってしまいました。

そこでひとつのことを自分に課しました。それは、毎日の行動記録をつけることです。

分厚い大きなスケジュール帳を買い、左側に予定を、右側に実際の行動記録を書き込んでいきました。

記録をつけ始めた頃は、「こんなに時間を無駄《むだ》にしているのか」と、がく然としたのを覚えています。そこで、ひとつのことを決めました。毎日1冊ずつ本を読むということです。

この自分との約束を確実に守っていくことで、生活リズムも元に戻り始め、自信の持てる毎日を過ごせるようになってきました。

この体験から、自分の行動を目に見える形で記録（＝見える化）すると、反省点が浮き彫りになり、行動の改善につながっていくことを実感しました。

「習慣化シート」で問題点が浮き彫りに

僕の学習塾でも、生徒たちは「習慣化シート」（左ページ参照）を使い、毎日やるべきことを書き込んでいます。

詳しい書き方は左ページをご覧頂くとして、ここではざっと概要を説明します。

まず、1週間の目標を立てたら、そこから逆算して、やるべき課題を考えます。それを毎日の「やることリスト」に落とし込みます。

同時に、勉強可能時間（勉強できる最大限の時間）を割り出し、勉強予定時間（勉強可能時間から休憩時間を引いた時間）を決めて、書き込みます。

1日が終わったら、予定通りに行動できたかどうか、行動記録を書き込み、自己評価と反省点を書き出します。

毎日のやることリストや勉強予定時間は、今週の目標から〝逆算して〟考えます。

たとえば、目標に「英単語のテストで80点取る」と書いたとしましょう。

まずは80点取るために、どのくらい勉強時間が必要かを考えます。

同時に、何をやればいいかメニューを考え、やることリストに落とし込むのです。

だから、「今日は英単語を10個覚える」「古文の問題集○ページから○ページまで」といった具合に、リストには具体的に、細かく書きます。

この「習慣化シート」を書くと、自分の行動が一目瞭然《いちもくりょうぜん》。

そのため、「思ったより勉強時間が少なかった」「この課題をこなすのに時間が取られていたんだな」など、反省すべき素材がしっかりあがってきます。「見える化」することで、問題点が浮き彫りになるのです。

あとは、その問題点を次に活《い》かしていく――。

これを繰り返していくと、主体的に勉強するクセが身につきます。

自分の行動を「見える化」する、「習慣化シート」

使える時間と勉強予定時間を記入します

目標と達成のめやすを書きます

週の最後に目標をどのくらい達成できたか、％で記入します

6月 2日 ～ 6月 8日

PLUS T

今週の目標	いつまでに？		達成度は？
① 単語問題集を10P	金曜日	までに	％
② 文法事例問題集を10P	金曜日	までに	％
③ 模試を2回	土・日	までに	％

やること	日付	5 6 7 8 9 10 11 12 13 14 15 16 17 18 19 20 21 22 23 24 25		時間	反省点	評価
□単語集4P □ □	6/2 (月)		使える時間 / 勉強予定時間 / 実際の勉強時間	2 / 2.5	生活面 夕食を食べすぎて、胃もたれした / 勉強面 集中できず、予定より多く時間を割いた	70点
□単語集4P □ □	6/3 (火)		使える時間 / 勉強予定時間 / 実際の勉強時間	2 / 2 / 2	生活面 朝寝坊した。遅刻ギリギリだった / 勉強面 効率よくできたと思う	80点
□文法問題集4P □ □	6/4 (水)		使える時間 / 勉強予定時間 / 実際の勉強時間	2 / 2 / 1.5	生活面 疲れてだらだらしてしまった / 勉強面 目標の半分しか進まず	60点
□文法問題集4P □ □	6/5 (木)		使える時間 / 勉強予定時間 / 実際の勉強時間	2 / 2 /	生活面 / 勉強面	点
□単語集2P □文法問題集2P □	6/6 (金)		使える時間 / 勉強予定時間 / 実際の勉強時間	2 / 2 /	生活面 / 勉強面	点
□単語復習 □模試 □長文読解	6/7 (土)		使える時間 / 勉強予定時間 / 実際の勉強時間	12 / 6 /	生活面 / 勉強面	点
□文法復習 □模試 □長文読解	6/8 (日)		使える時間 / 勉強予定時間 / 実際の勉強時間	12 / 6 /	生活面 / 勉強面	点

勉強する予定の時間を書き込みます

勉強予定時間を考慮しつつ、その日にやることを記入します

実際の行動記録を書き込みます

実際に勉強した時間を書き込みます

毎日その日の反省点を生活面と勉強面に分けて記入します

1日の評価を自分で採点します

これは、中・高生たちに毎日書かせているものです。大人の方なら、もう少し簡略化してもいいですね

毎日記入することで時間の使い方に無駄がなくなっていく！

2 「何のための勉強か」を忘れないようにする

「ちゃんとゴールに向かっているか」を意識すること

あなたは何のために勉強をするのでしょうか？　「自分に足りない知識を補《おぎな》いたい」と、なんとなく思っている方もいるでしょうし、「資格を取りたい」「検定試験に合格したい」と、具体的な目標がある方もいるでしょう。

どちらにせよ、何かを始めるときに、最も大切なことは「自分のアタマが、きちんとゴールに向かっているかどうか」を意識することだと僕は考えています。

ゴール（目標）を設定することは、勉強でも仕事でも、とても大切なことです。

目標がしっかりしていれば、それを達成するためにどのような方法で進んでいったらいいか、計画を立てられるからです。

たとえば「1年後に英検○級に合格したい！」という目標があるのなら、まずは、今までどんな勉強をしてきたかを振り返りつつ、現状をしっかりと見据《みす》えましょう。

それから、3ヵ月後、半年後……と中・長期的な目標を設定し、やるべきことを考え、実行していくのです。

この過程を考える力を、僕は「逆算力」と呼んでいます。

目標から逆算して計画を立てる手順は、次の4つです。

① やるべきことを書き出す

目標を達成するためにやるべきことを、考えられる限り書き出してみます。

② 優先順位をつける

重要度の高いものから、優先順位をつけます。

③ 時間配分を決める

自分に使える時間を計算し、優先順位の高い項目から順に、時間を配分します。

④ 計画通りにひたすらこなす

決めたことをひたすらこなします。

苦しいときでも続けられる状態を作っておくこと

①〜④にしたがって立てた計画を着実にこなせれば、目標達成の可能性が高くなります。

とはいっても、なかなか思い通りにはいかないのが悩ましいところです。

たとえば、山の頂上を目指して、わき目も振らず懸命に登れば、早く頂上につけるかもしれませんが、それではしんどいですよね。

せっかくの山登りだから、水筒とお弁当でも持って、楽しく登りたい。

でも、頂上まで楽しいまま登り続けられるわけではなく、ときには険《けわ》しい道を登らなければならないこともあるでしょう。

目標達成も同じことだと思います。

大変で苦しいときもあれば、いい調子で楽しく進められることもあります。たぶん、どちらの状態もずっと続くものではなく、交互にやってくるのではないでしょうか。

楽しいときはそのまま進めばOK。

でも、**大変なとき、つらいときに「もうダメだ」とあきらめてしまうのではなく、「苦しいけど、なんとか歩き続けられる」という状態を作っておくこと。**

誰でもいつも調子がいいわけではありません。調子が下がったときでも続けられるようにしておくのが、目標達成のカギなのです。

目標から逆算して計画を立てよう

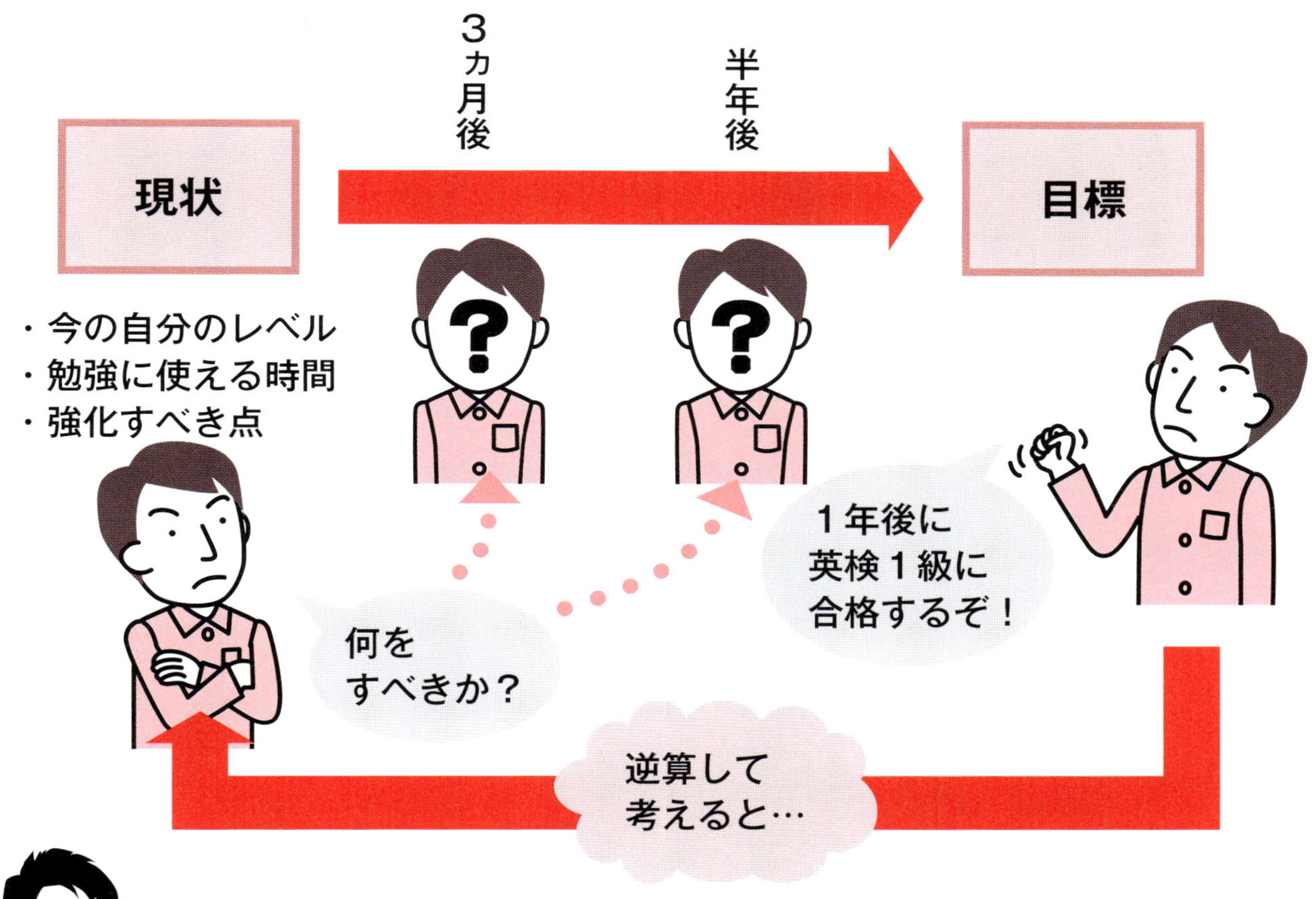

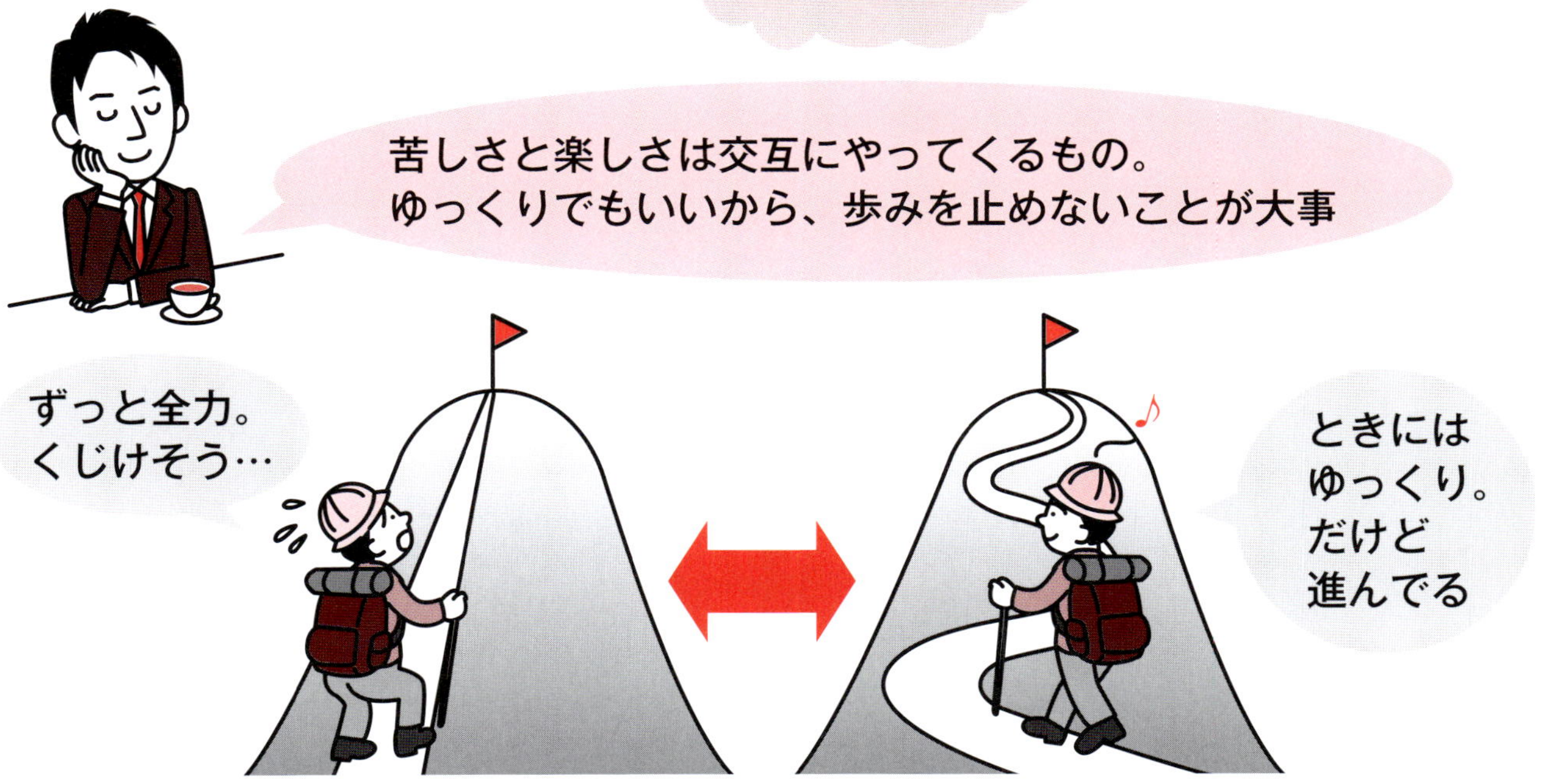

調子が悪くても、続けられるしくみを作ることが目標達成のカギ

3 ダメでもへこまないような目標の設定をする

絶対にクリアできそうな「下の目標」も設定しよう

前の項で、目標に向かって逆算して計画を立てよう、と述べましたが、そもそも目標はどうやって立てたらいいのでしょうか？

やたらと高すぎる目標を立てて、とても実行不可能……では、途中で挫折してしまいますよね。

僕は、「上の目標」と「下の目標」の2段階を設定するのがいいと思っています。

「上の目標」は、モチベーションを駆《か》り立てるような目標。「下の目標」は、絶対にクリアできそうな目標です。

みなさん、上の目標は設定するのですが、下の目標は設定しない方が多いのではないでしょうか。でも、これを設定しておくと、ダメだったときに、へこまないですむのです。

たとえば、「今度の数学のテストで80点取りたい」という生徒がいるとしましょう。

この場合、「上の目標」は80点。でも、「最低60点は取りたいよね、勉強すれば普通に取れるはず」という「下の目標」の60点も、同時に設定しておきます。

テストの結果、80点に届かなかったら、がっかりするでしょうが、60点を超えていれば、「なんとか最低目標は達成できた」と、心が折れてしまうのを防げます。

2つの目標の幅は、ご自分の性格に合わせて変えてください。

折れやすいタイプでなければ、下の目標はやや高めに設定しても大丈夫。でも、へこみやすいタイプだったら、少し低めがいいかもしれません。

1回目は結果が出なくても大丈夫。「次の次」が勝負

目標設定のもうひとつのコツは、**「次の次」のテストに照準《しょうじゅん》を合わせる**ということです。

4月に塾に入ってくる中学生たちは、まず5月の中間テストのことを考えます。もちろん中間テストでがんばることは大事なのですが、ここで結果が出なかったからといって、がっかりしないように伝えています。

なぜなら、本当に結果が出るのは「次の次」だからです。

目標設定をして計画通りに進めても、1回ですぐ結果が出るのはなかなか難しいこと。むしろ1回目は失敗しても当然だと思っています。

それに、失敗から学べることもあります。うまくいかなかった部分は軌道修正して、2回目で勝負する。あえてワンクッション置くことで、やる気がなくなるのを防げます。

また、中・高校生を教えていてつくづく感じるのは、どんな生徒でも、成績には必ず波があるということです。

ときに上がり、ときに下がり……を繰り返しながら、徐々にタフになっていく。そして、最後に安定して上がっていく生徒が、大学受験にも成功しています。

大切なのは、途中でうまくいかないことがあったときに、モチベーションが下がりすぎないようにすること。

そのためにも、失敗を想定した目標設定をするのがおすすめです。

目標はモチベーションが下がらないように設定する

① 目標は「2段階」で設定

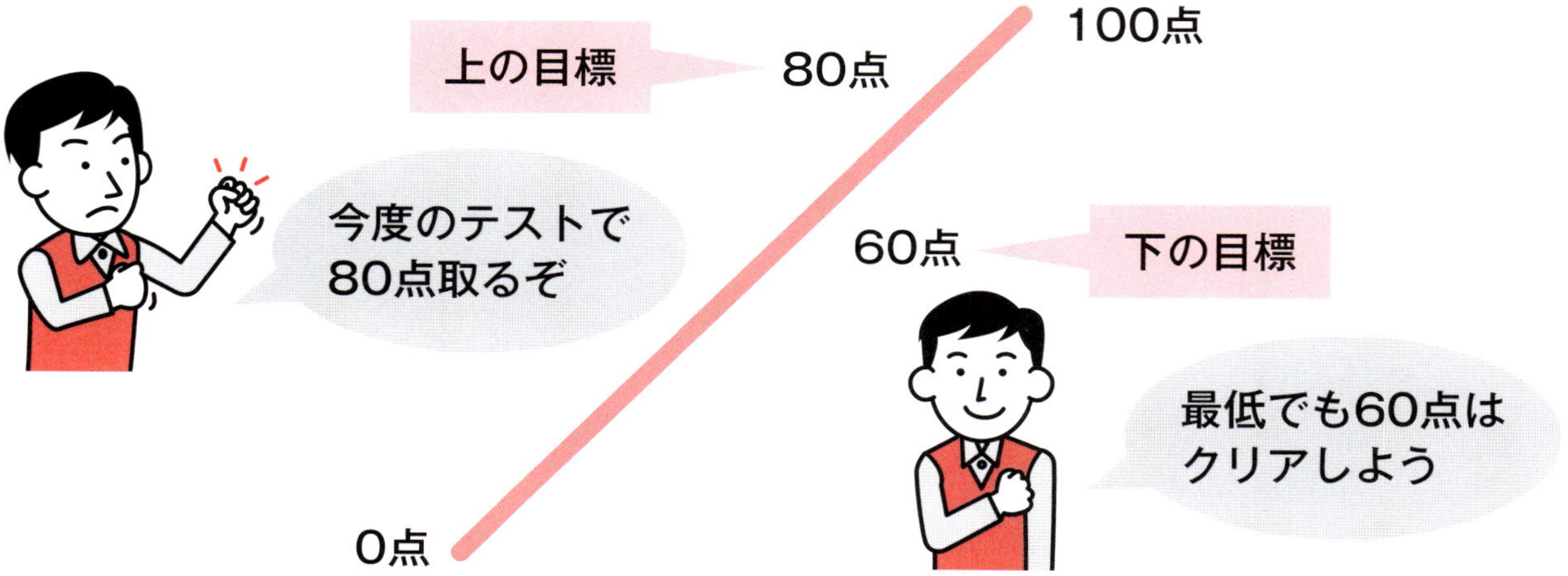

上の目標
80点
100点
今度のテストで
80点取るぞ
60点
下の目標
最低でも60点は
クリアしよう
0点

「上の目標」に届かなくても、心が折れない

②「次の次」に照準を合わせる

検定試験までに
過去問6割をクリアする！
軌道修正
して…
1回目は
ダメでモトモト
2回目が本番！
35
61
やった！

1回目の結果で軌道修正ができる

「うまくいかないこと」を想定しておけば、やる気を保てる

4 部活動のようにこなしてペースをつかむ

まずは「時間」から、次に「量」から計画を立てる

日々、どのくらい勉強を積み重ねていくか？

理想的な計画の立て方は、「今日は○○を10ページ終わらせよう」「英単語を20個覚えよう」というように、やるべき「量」を決めて実行することだと思います。

決められた量を確実にこなせれば、計画通りに進めることができるからです。

ところが、中学生を指導していて気づいたのが、「勉強慣れしていない人は、量で計画を立てるのが難しいんだな」ということでした。

なぜなら、自分がどのくらいこなせるのか、ペースがつかめていないからです。

自分に合った計画を立てられるようになるには、「自分のペースを知っている」ことが大前提です。そのためには、「量」で計画を立てる前に「時間」で計画を立てたほうが、ペースをつかみやすいことが分かりました。

具体的に、計画の立て方をご説明します。

① まずは「時間」で計画を立てる

「1日1時間数学、1時間英語を勉強する」「30分、英語の勉強をやる」と勉強する時間を決め、毎日ルーティンでこなします。

② 自分のペースをつかむ

「自分は2時間で、これくらい勉強できた」「30分だと、英単語が○個覚えられる」と、時間内でこなせる分量をメモします。何回か繰り返して、平均値を把握しましょう。

③ 「量」で計画を立ててみる

自分のペースがつかめてきたら、勉強する内容（量）から計画を立てていきます。「今日は問題集を10ページやろう」「英単語を30個覚えよう」というように、やるべきことを決め、こなしたら終わりにします。

最初に「時間」で計画を立てると、確実に勉強する習慣づけができます。

スポーツでたとえるなら、中学・高校の部活動のようなもの。「月曜から金曜の3時半から5時まで」というように、時間が決まっていて、ひたすらそれをこなすイメージです。初心者はここからスタートしましょう。

「量」で計画を立てるのは、「結果を出せばいい」というプロ選手的なやり方です。メニューをこなしたら、その日はおしまいにしてもいいし、「今日はオーバーワークだから1日休もう」というように、自分で自分をコントロールしながら計画を立てます。

どこからどこまでやったか毎日、記録を残そう

「時間」で勉強をやるときには、**「今日はここまでやった」という印に、問題集やノートに日付を書き込んでおきましょう。**

「ここからここまで、いつやったのか」を記録しておくと、「着実に進んでいるな」という感覚を得ることができるからです。

また、間違えたり、つまずいたりした問題にも日付を書き込んでおくと、あとで復習するときに役立ちます。テスト前などには、その部分を重点的にチェック。

とくに時間が経ったものは忘れている可能性が高いので、日付が古いものから優先的に目を通すようにしましょう。

部活のように時間を区切って、自分のペースを作ろう

計画の立て方は「初級編」からスタート！

初級

① まずは「時間」で計画を立てる

1日1時間、
フランス語を勉強するぞ

② 自分のペースをつかむ

30分で
単語を20個
覚えられるな

30分で
問題集を
2ページ
進められるぞ

ペースがつかめた！

上級

③「量」で計画を立ててみる

今日は問題集を３ページ、
単語を10個覚えよう

覚えたら
おしまい

やったところ、
間違えたところは
必ず日付を
入れておこう

	①	………	○
5/10	②	………	×
	③	………	○
	④	………	○

↑ 5/10

「量」で計画が立てられるようになったら、自分でペースをコントロールできる！

5 大きな目標は、小さな目標に砕いてこなす

大きな壁を越えるには階段を作ればいい

長期的な目標を打ち立てると、そこにどうやったらたどりつけるのか、いまひとつイメージが湧《わ》いてこないことがあります。

達成するまで時間がかかりすぎて、何から始めればよいかわからない……。

そんなときは、目標を細かく砕いて、できそうなレベルにまで落とし込みましょう。

長期的な目標から逆算し、やるべきことを細分化して、今日やるべきことまでブレイク・ダウンするのです。

たとえば、「来年の秋の資格試験に合格したい」と思ったら、「毎日、問題集を5ページずつやって、土曜日にはまとめのテストをやってみよう」という具合。

この小さな目標は、壁を越えるための「階段」です。これを日々のぼっていくことで、大きな目標を達成することが可能となります。

僕は起業するとき、「日本の教育に一石を投じたい！」という、ものすごく大きな目標を持っていました。

でも、それはあまりにも巨大な壁なので、越えるためにはどうするかを考えなくてはいけません。

そこで、やりたいことと、今の自分にできることが重なり合う部分は何かを考えました。

僕が会社をおこしたのは20歳のとき。つい最近まで高校生だった僕は、子供のニーズはよく理解できています。加えて、高校時代は部活と勉強をいかにして両立するかを必死になって考えてきました。であれば、僕にできることは「勉強のやり方」を子供たちに伝えることなのではないか――？

このように考えて、まずは塾を作ろう、そのあとはこうして……とプランを練っていきました。

大きな壁を階段に変えながら、まさに今、のぼっている途中です。

小さな目標をコツコツこなしていこう

自分の人生設計においても、大目標（壁）を年齢ごとに区切って階段化しています。

大目標は「日本の教育を変えること」。

そのために20代では、失敗も含めてとにかく挑戦しようと思っています。

30代には、さらに挑戦を続けながら、経験やノウハウを蓄積したい。

40代は、今まで蓄積したことを一気に爆発させたいとき。政策提言などもどんどんしていきたいし、なんらかの形で日本の教育に一石を投じる人になっていたいと思います。

50代は、今の自分にはちょっと遠く感じられるのですが、40代にやったことをまとめる年代かな、と考えています。

60代は、次世代への引き継ぎです。

かなり遠大な目標ですが、階段を一歩ずつのぼりながら、着実に近づいていきたいと思っています。

ちょっと長いスパンの話になってしまいました。でも、大きな目標は、自分のモチベーションの源でもあります。実現するためにも、日々の小さな目標を、まずはコツコツこなしていきましょう！

壁は小さく砕いて階段に変えよう

将来はカフェを
経営したい！

逆算してブレイク・ダウン

何から手をつければいいか、分からない…

うまくいってる
あのお店のオーナーに
聞いてみよう！

具体的に行動を階段化

まずは調理師免許を取るぞ！

1つずつのぼれば、
確実に目標に近づく

大目標
おしゃれな
カフェを
オープン！
簿記の勉強をする
資格を取る
やるべきことを調べる
START！

今できることから考えて、やるべきことを探していこう

6 やるべきことをざっと俯瞰してから取り掛かる

手つかずのまま時間切れ……という事態を防ぐには？

中学・高校時代の定期試験のとき、「ひとつの教科ばっかり一生懸命やっていたら、他の教科の勉強時間が足りなくなってしまった。どうしよう！」とあせった経験がありませんか？

定期試験では、「この科目は捨ててもいいや」とはいかないものですよね。なるべくなら、まんべんなく手をつけておきたい。

そのためには、最初に、やるべきことを「俯瞰《ふかん》する」ことが大事です。

定期試験の例でいえば、4日間試験があるとして、たいてい前日は次の日の科目に専念しますよね。

すると、3日目の試験終了後は、4日目に行われる試験科目は何日か放っておかれた状態のため、かなり忘れています。

とりあえず、「ああ、こんなことを習ったんだった」と、試験範囲の授業内容を思い出すレベルにまで戻さなければなりません。

そこで、**まずはざっとすべての科目に目を通しておきます。**

翌日の試験科目が歴史、数学、国語の3つなら、すべてを30分ずつくらいでざっと復習してから、詰めの作業に入るのです。

試験では、最初に時間配分&メモ書きを

試験問題に取り組むときも、この方法が役立ちます。

東大の試験問題の例でお話しします。

世界史の試験では、大問が3つあります。1番は450文字くらいの論述、2番は3行くらいの小論述、3番は一問一答形式。

3番が点数の取りどころなので、普通は3→2→1の順番でやるのがセオリーです。でも、3番や2番に時間を取られて1番がまったく手つかずになっては困ります。

そこで僕は、試験が始まったら、まずは1番にさっと目を通して、キーワードや関連語句など、あとで書くときのヒントをメモしておきます。次に2番も同じようにちょっとメモをとってから、一気に3番に取り掛かるのです。

このときに大体の時間配分もしておくと、時間切れになって「知っていたのに書けなかった！」という悔《くや》しい思いもしなくてすみます。

僕はどんな試験でも、必ず最初の1分間を時間配分のために使っていました。こうやって、全体を「俯瞰」しておくと、何事もバランスよく取り組めるのではないかと思います。

これは、どんな勉強でも仕事でも、同じことだと思います。

資格試験などでも、特定の部分のみ手厚く勉強したところで、点数を稼ぐことはできません。試験日までに、何をいつまでに勉強する、という計画力が必要となってきます。

始める前にざっと全容を眺めて、「どのようにやろうか」と考えておくと、自分が今から何をすべきかが明確になり、予定も立てやすくなります。

仕事も勉強もやり始める前に全体を見渡そう

○仕事でも…勉強でも…

今日の作業は
コレとコレ
全部にざっと目を
通してから詰めの
作業に入ろう

○試験問題でも…

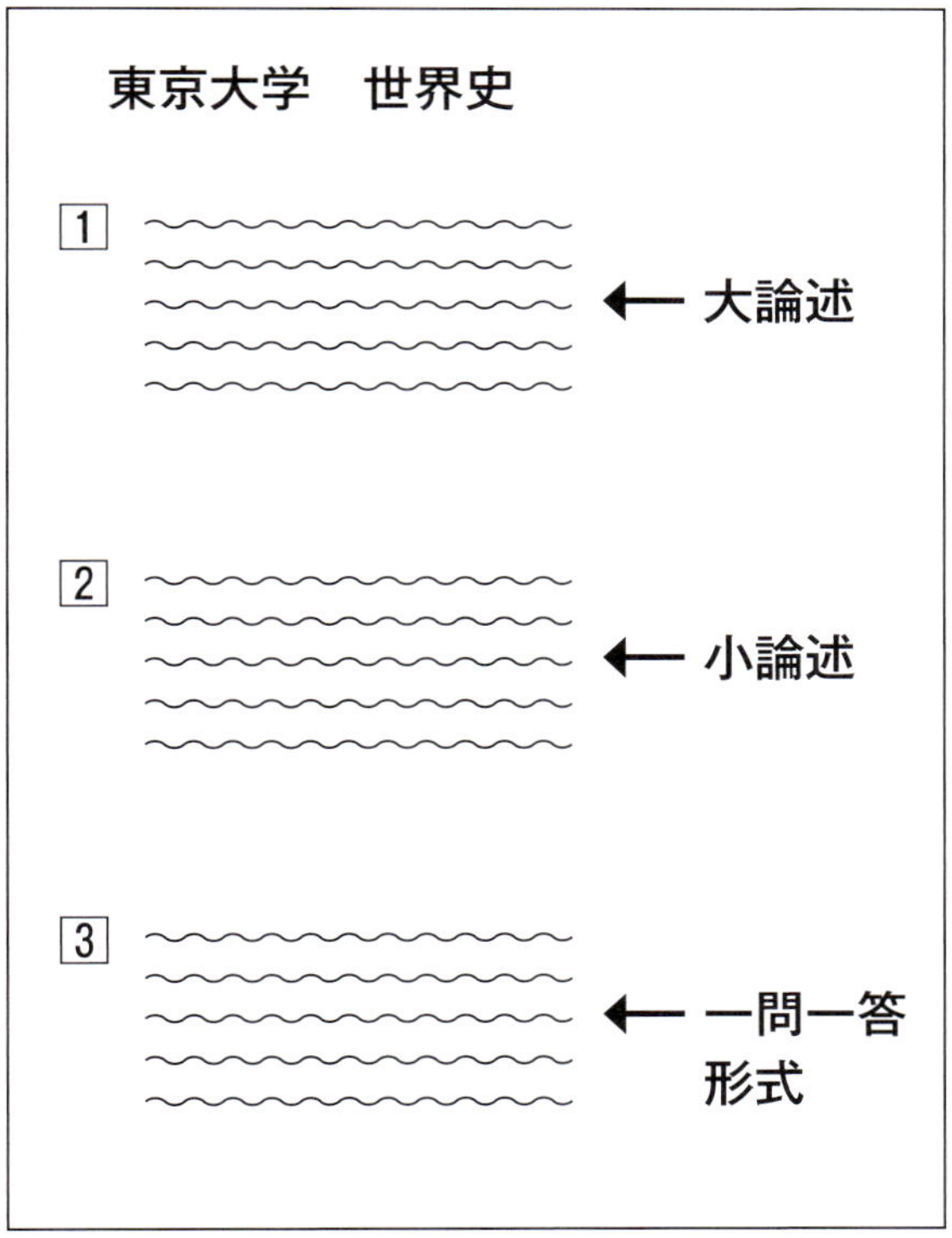
東京大学　世界史
1
← 大論述
2
← 小論述
3
← 一問一答
形式

セオリー 俯瞰してから解く！

① 全体に目を通し、「点数の取りどころ」（一問一答形式など）を見定める
② ざっと時間配分を考える
③ 論述に、キーワードなどをメモ
④ 一問一答から着手
⑤ 小論述→大論述の順に解答

全体を把握しておくと、時間切れやり残しを防げる

7 「やらなくていいこと」には手を出さない

あれこれ手を出すと何も身につかない

やるべきことがいっぱいだ、というとき、あせってあれこれ手をつけてしまうと、どれも中途半端で終わってしまいがちです。

計画を立てるときには「TO　DOリスト」でやるべきことを確認するのが前提ですが、欲張って詰め込んでも、実行できなくて落ち込むばかり……。

ここは思い切って「やらなくていいこと」を明確にしておくことがポイントです。


ある高3の受験生が、あと半年ちょっと、スパートをかけてがんばろうというときに、「自分はまだこの問題集をやっているけど、他の友だちは別の問題集をやっている。自分もそれをやりたい」と言ってきたことがありました。

その生徒は、6月まで部活をやっていたために、他の生徒よりも進度が遅れていたのです。あせる気持ちがあったのでしょう。

でも僕は、「きみはまだ、その問題集をやるには早いから、それには手を出さずに、まずは今のものを終わらせよう」とアドバイスをしました。

自分のレベルや状態に合った問題集をやらなければ意味がないし、あせって何冊も手を出しても、結局ものにはならないからです。

「今、自分はこれをやるべきではないんだ」ということを納得したうえで、やるべきことに集中することが大事です。

問題集は1冊と心中するつもりで

そもそも、僕は**問題集を何冊も同時にやるより、1冊に絞って集中してやったほうがいいと考えています。**

生徒には「1冊と心中しよう」と言っています。

問題集には、それぞれ特徴がありますが、それが及ぼす影響は3割くらいで、あとの7割はやっている本人の努力によるのではないか、と思うからです。

自分で1冊を選び、「このやり方でいこう」と決めたのであれば、そのやり方にしたがって、1冊やり切ってみましょう。


森にたとえていうならば、森から出ていこうとしたときに、一直線に進めば、どの地点にいても必ず出ることができます。でも、行ったり来たり、右往左往していると、なかなか出口にはたどりつけません。

勉強もそれと同じで、ひとつを信じてやることで、必ず道は開けます。これをやろうと思ったら、わき目も振らずに走ってしまうことで、先が見えてくるのです。


ただし、最初に問題集を選ぶ時点で、自分に合ったものを選ぶことはとても大切です。**レベルは高すぎず低すぎず、6~7割くらい解ける問題集を選ぶこと。**

ただ、使ってみてどうしても「合わない」と思ったときは、すぐに買い替えましょう。レベルの問題だけでなく、解説が詳しくないとか、説明が肌に合わないなど、やってみて気づくこともあるからです。

1章くらい解いた時点で、「本当にこれが自分に合っているか」を振り返るタイミングを設けてもいいでしょう。

相性のいい1冊を選んだら、とことんやり抜いてください。

「やらなくていいこと」は「やらない」と決めたほうがいい

あれこれ手を出すよりも…

コレと心中する！
○○問題集

1冊に絞ってやりとげよう！

説明が
イマイチよく
分かんない…

肌に合わない問題集や
参考書を使い続けるのは×

こっちのほうが
自分に合ってる

失敗した！　と思ったら、
早めに方向転換を

問題集は肌に合うものを1冊、とことんやり抜く。
あれこれ手を出すと遠回りになる！

8 〝計画の立て直し〟を計画に入れておく

うまくいかないときは計画を立て直す勇気を持つ

計画を立ててがんばっているけれど、どうも計画通りに進まない……。

そんなときは、モチベーションがガクッと下がってしまいがちです。

目標から逆算して計画を立てたつもりでも、実際にやってみると完璧《かんぺき》にこなせなかったり、予想外の事態に遭遇して手間取ったりすることは、よくあるものです。

そこで僕は、**「計画の立て直しをする」ことを、あらかじめ計画に入れておく**のがいいと思っています。

たとえば、夏に検定試験を受けようと思っていたとします。

「7月までにここまでやっちゃおうと思っていたのに、この調子だと終わらないぞ」というときは、計画の立て直しが必要です。

では、どこをどう立て直すべきか？　これを冷静に分析しながら考えましょう。

まず、この検定試験は、今年受けなければいけないのかどうか。どうしても間に合わないのであれば、次の機会に延期するという手もあります。

あるいは、試験で受ける予定よりも下の級を受けるという選択肢もあるでしょう。

「なにがなんでも、この夏に受けたい！」という決心が固いのであれば、勉強時間を増やしたり、ペースを上げていったり、勉強のやり方を変えたりする必要があります。

修正すべき部分を立てた計画に照らして考える

P.30で、目標から逆算して計画を立てる手順を4つ挙げましたよね。

①やるべきことを書き出す
②優先順位をつける
③時間配分を決める
④計画通りにひたすらこなす

計画を修正するときには、この4つの内容を振り返り、どの部分を修正するのかを考えていきましょう。

やるべきことを調整するのか、優先順位を入れ替えるのか、ペースを変更するのか。

あるいは、目標自体を設定し直す必要があるかもしれません。

「なにがなんでもクラスで3位以内、という目標はちょっと無理そうだから、今回は10位以内を目指そう」としてもOK。

目標を立て直すのは、決して恥ずかしいことではありません。むしろ、無理な目標を立てて達成できないことが続くと、「やってもダメだ」と自信がなくなってしまいます。

最初の目標が高すぎた場合には、目標を変える勇気も必要でしょう。

計画通りにいかないと思うと、「しゃかりきになってがんばらなくちゃ」という発想に陥りがちなのですが、やみくもにがんばっても気持ちがあせるばかりです。

ちょっとうまくいかない、と思ったら、立ち止まって計画を冷静に振り返り、もう一度立て直してみることが大切。

計画はズレて当然なのです。はじめに計画を立てる段階で、「おそらくこの計画はズレるだろうから、途中で一度、計画を立て直そう」くらいに心づもりしておくとよいでしょう。

「計画の立て直し」も計画のうち！

今年の社労士の
試験に間に合わない～！

計画を立て直そう！

受験を来年に
延期するか…
もう少し
勉強時間を
増やせるかな？
ペースが遅すぎる
から、勉強の仕方を
考え直そうか…

計画を立て直すときは
どこを修正すべきか考えて！

① やるべきことを調整する？
② 優先順位を変える？
③ 時間配分を考え直す？
④ 目標自体を設定し直す？

うまくいかないときは、冷静になって修正すべきポイントを洗い出しましょう

Column ②

文句があるなら自分でルールを変えなさい

先のコラム（p．26）では「ウチはウチ、よそはよそ」という親の教育方針に感謝していることを書きました。一貫したルールを提示し続けてくれたことで、外に出たときのルールを守る基礎力がついたのではないか、ということでした。

そうやって書くと「厳しい家だったんですね」という感想を抱かれるかもしれませんが、家の外ではいわば真逆の方針でした。

家の中は「ルールは変えられない」という方針でしたが、外に関しては「ルールは守りなさい。そのうえで文句があるなら自分で変えなさい」というもの。

ここには「ルールを守っていない人には、そもそもルールを変える権利がない」という前提があり、厳しく聞こえるかもしれませんが、そもそも変えられない家のルールと比べれば幸せな前提でした。

「ルールは守りなさい。そのうえで文句があるなら自分で変えなさい」という教育方針は、自分の人生に多大なる影響を及ぼしてくれました。

中・高時代に生徒会でいくつかの校則を変えたときも、大学時代に起業したときも、自分の根底にはこの親の教えがあったように思います。

さかのぼること15年。中学に入学したばかりのことです。僕が入学した海城《かいじょう》中学校という学校では、当時「白かばん」という、戦時中に使っていたような鞄《かばん》の使用が義務づけられていました。

入学してしばらくして、僕は疑問を持ちました。なぜこれを使わなければならないんだろう、と。白くて汚れも目立つし、荷物もあまり入らない。片方の肩に負荷がかかるので、バランスが悪い。

もちろん、ちゃんと使っていました。それがルールですから。でも、「これを3年間使い続けるのかな」「もっといい鞄ってないのかな」と思うようになりました。

それから半年後、生徒会の選挙がありました。中学1年生の僕は生徒会副会長に立候補しました。

現職の生徒会副会長の先輩が有力候補として出ていて、圧倒的に不利だったので、「これは目立たなきゃダメだな」と演説会で上半身裸になり、「今の生徒会には気合が足りないので、気合を見せます！」とバケツで水をかぶり、見事当選（水をかぶったエピソードは恥ずかしいので15年間封印してきました。今後一生封印しておこうと思うので、読んでくれた方は、僕に会ってもこれには触れないでください……）。

当選後は、さっそく白かばんの自由化を目指して取り組み始めました。生徒だけでなく、先生方やPTAの方々にアンケートと聞き取り調査。校長先生や理事長にも取材に行きました。

生徒とPTAの方々は基本的に賛成。ただ、先生方からはネガティブな意見も頂きました。一番多かった意見が「絶対に変えてはいけないわけではないが、風紀が乱れる恐れがある」ということでした。

「そもそも、全員が白かばんを使えていないじゃないか。ルールを破る生徒は変える権利なんかない」――僕はその言葉にピンときました。

「あれと一緒じゃないか、あれと」。

「あれ」とは親の教えです。「ルールを守っていない人には、そもそもルールを変える権利がない」。

僕は仲間に協力してもらい、みんなで毎朝正門に立ち始めました。「白かばんを自由化したいので、みんな使って！」と。

さて、校則は変えられるのでしょうか。続きは次のコラム、「黒船を呼べ！」で……。

3
時限目

基本的に勉強が苦手。やる気が起きない！

1 テキストや本は、買ったその日に手をつける

「買った瞬間」が一番やる気のあるとき。その波に乗れ！

学生の頃、僕は問題集を買ったら、その日にすぐやり始めるようにしていました。

本を買った場合も同じ。買ったその日に、1ページでもいいから、必ず読み始めます。

何かを始めよう、と思ったときは、最も気持ちが上がっている状態。ですから、その瞬間を逃さず、勢いに乗ってしまうのがいいのです。

ギリシャのことわざに「始まりは全体の半分である」とあるように、何事も「初動」が肝心《かんじん》だと僕は思っています。

新しく何かを始める、というのはちょっと億劫《おっくう》に感じられることもありますよね。パソコンだって、立ち上げのときが一番エネルギーを必要とします。だからこそ、最初の滑り出しが重要なのです。

「いつかやろう」「いつか読もう」の「いつか」はたいていの場合、やってこないものです。

「明日から始めよう」と思っていると、どんどん先延ばしになり、さらにやる気がそがれてしまう恐れがあります。

でも、一回手をつけてしまえば、最初の一歩はすんでしまっていますから、ハードルが低くなり、「積《つ》ん読《どく》」になってしまうのを防ぐことができます。

じらされると格別に美味しい――「行列のできるラーメン屋」作戦

ただ、今言ったことと矛盾《むじゅん》するようですが、「さあ、やるぞー！」とモチベーションが高い状態のときには、あえて「じらす」という方法が有効なこともあります。

長い列に並んで、やっと入れたラーメン屋では、ことさら美味しく感じられるものですよね。

それと同じで、「待つ」ことで、たまっていたエネルギーが一気に爆発することもあるのです。

僕が経営している学習塾に、キャンセル待ちをして入ってきてくれた子たちは、非常にモチベーションが高いように感じます。まだか、まだかと待つことで、エネルギーがたまるのでしょう（もちろん、あえてじらしているわけではないですよ！）。

ただし、モチベーションとテンションは別もの。モチベーションが高いことはいいことですが、テンションは「上がればいい」というものではありません。

子供の頃、配られた漢字ドリルを1日で1冊全部やってしまって、「先生、がんばりました！」という子がいませんでしたか？

こういう無理をすると、エネルギーを「出し切った感」に浸《ひた》り、かえって意欲を落としてしまう場合があります。

それに、テンションは、上がれば必ず下がってくるものです。**あまりハイテンションの状態を作ると、下がったときに、やっていることそのものに対して飽きてしまう可能性もあります。**

「今日は○ページまで」と決め、ほどよく自分のペースを保ちながら続ける。肩の力を入れすぎない。

これがモチベーションを確実にキープするコツです。

「やる気」は熱いうちに火をつけろ！

初動が大事！
問題集を買ったら、
その日に手をつける！
ここを
読みたくて
買ったんだ！
本を買ったら、
その日のうちに
読み始める！
今日は
50ページ目で
終わり
パタン
でもがんばって
やりすぎないこと！
やる気を残したまま切り上げたほうが、
次の日も続けられる

「積ん読」や「やらずじまい」を防ぐことができる

2 不得意分野は「攻めの姿勢」で好きになる

「予習」をすると「分かる喜び」が味わえる

「これは得意だ」という分野の勉強はどんどん進むのに、「どうも苦手だ」という分野になると、ペースがガクッと落ちたり、やる気がなくなってしまう——誰にでもそんな経験があると思います。

放っておくとますますできなくなるので、「好き」にするのは難しいとしても、「嫌いじゃない」という状態までは持っていきたいですよね。

そのためには、「分かる・できる喜びを味わう」ことが大切だと思います。

「分かる・できる喜び」を味わうためには、まず授業についていくこと。授業についていくためには、「予習」すること、と子供たちには教えています。

予習をするときのポイントは2つあります。

①疑問点を書き出しておく

たとえば、英語だったら意味が分かる部分と分からない部分、数学だったら解ける問題と解けない問題に分けておき、分からない部分については、授業で集中的に聞きます。

②あらかじめ「自分の答え」を用意する

疑問点については、ある程度自分で調べておき、授業中に確認します。

授業だけでなく、人の話を聞くときにも、そのテーマについて予習しておくと、理解力が違ってくるものです。

自分から仕掛けて好きになっていこう

僕は勉強が好きですが、もとから好きだったわけではありません。自分から「なんとか好きになってやろう」と思って工夫してきました。

「IEA国際数学・理科教育動向調査」(2011年)のアンケート調査によれば、小学4年生の時点では、ほとんどの子が「理科の勉強は楽しい」「理科が好きだ」と思っているのに、中学2年生になると、40~50%の人が、そう思わなくなるそうです。

つまり、理科は放っておくと嫌いになってしまう教科なのですね。

理科は「なんでだろう?」と思うところからスタートして、探求していくのが楽しい教科です。だから、自分で「なぜだろう?」と考えながら、能動的《のうどうてき》に向き合っていく必要があります。

ただ、これは理科だけの話ではなく、すべての教科に言えるのだと思います。**「嫌い」になってしまわないためには、自分から積極的に仕掛けて、好きになっていく工夫をする**ことが大切だと僕は思います。

僕は中学時代から理科が苦手でしたが、興味を持ち続けるための工夫は今でも行っています。テクノロジー・サイエンス系の雑誌『WIRED』や『Newton』などを積極的に読んでいます。英語だったら、洋書を読むとか、洋楽を聴くとか、日本のマンガの英語版を読むのもいいでしょう。

僕のおすすめは、洋画を観ること。僕が考える学習に効果的な洋画の観方は、左ページに載せておきました。よろしければ参考にしてみてください。

自分から仕掛けると、苦手科目を好きになる！

好きな洋画を
英語で観るぞ！

① 日本語吹き替えで観る

まずはストーリーをつかむ

② 英語音声＋日本語字幕で観る

分からない部分は字幕でチェック

③ 英語音声＋英語字幕で観る

聞き取れなければ字幕で確認

④ 英語音声で字幕なしで観る

どこまで聞き取れるかチャレンジ！

この表現、
あのヒーローの
決めぜりふと
同じだ！

「分かること」が増えると「苦手」が「好き」に変わる！

3 「コース料理」ではなく、「定食」を食べるつもりで

「定食」方式だと やるべきことがサクサク進む

突然ですが、ランチなど、食堂で定食を頼んだら、それがどんな量であろうと、「この量でおなかいっぱいにしよう」と自分をコントロールしている感じがありませんか？

ご飯が多ければ、それに合わせておかずを食べるペースを決めるし、たくさんお皿が並んでいたら、気合で「食べるぞ！」というモードになる。

逆に、全体の量がすごく少ないときでも、それで満足できるよう、胃袋を合わせているような気がするのです。

最初に「これがあなたの分です」と示されると、その量で満たされるように、私たちは無意識に調整しているのではないか、と僕は思っています。

これと対照的に、コースで出てくる料理は、どのくらいの量が出てくるのか分からないので、メインを食べる前におなかいっぱいになってしまった、ということがありますよね。

何が言いたいのかというと、「枠が決まっていると、自分の意識がそれに調整される」ということなのです。

だとすれば、これは勉強や仕事にも活かせるはず。

たとえば、明日までにプレゼンテーションの資料を作らなければならない場合。まずはアイディアを整理して、まとまったらラフを書いて、ラフができたらブラッシュアップして……というやり方はコース料理。終わったら次、終わったら次、という感じで、見通しを立てていないので、なんとなくダラダラしてしまいがちです。

もしかしたら、途中で時間切れになってしまうかもしれません。

一方、「アイディア整理に30分、ラフ作りで30分、ブラッシュアップに60分」と**枠を決めてしまうと、その枠内で終わらせようという意識が働くので、集中してサクサクと作業が進みます。**これが、「定食」的やり方です。

カウントダウンと カウントアップを使い分けて

たとえば、2時間で数学の問題集を8ページ進めようとしているとします。時間を気にせず2時間経って「しまった、4ページしか進んでいない！」と気づくのでは遅すぎます。2時間で8ページということは、1ページあたり15分で進めなければなりません。15分経過するごとに1ページ進んだことをチェックするようにしましょう。

このように、時間の枠を決める「定食方式」のときは、タイマーをセットしてカウントダウンしていくといいでしょう。

ただ、カウントダウンは自分を追い込んでやるため、プレッシャーを感じがち。もちろん、そのほうがいい場合もありますが、アイディア出しなどの場合は、きっかり30分でいいものが出るとは限りませんよね。

あくまで目安として時間を設定し、タイマーはセットせず、時計を見ながら「あ、33分経った、そろそろだな」というように、ざっくりカウントアップしていけばいいでしょう。

大切なのは、全体を見て配分を考え、時間の枠を決めてしまうことです。

今日やるべきメニューを確実にこなす「定食方式」

今日の定食

〈プレゼンテーション資料作り〉

・アイディア出し
・データ整理
・ラフ作成
・ブラッシュアップ

よしっ！
２時間で食べ切ろう
ラフ作成
30分
アイディア出し
20分
データ整理
10分
ブラッシュアップ
1時間

枠を決めることで、「枠内でメニューをこなそう」という意識が働く

4 何もやりたくないときは、「先読み」だけしておく

まずは30秒間考えて不安を取り除く

どんなに疲れていても、忙しくても、何か仕事を振られたり、メールを読んだときには、「30秒考える」をルールにしています。

30秒間で、「この課題にはどれくらいかかりそうか?」を「先読み」するのです。

たとえば、中学校の先生から「来週までに○○模試のデータ分析をしておいてもらえますか?」と仕事を依頼されたとき。

「分かりました」と返事をし、ガチャッと受話器を置いたら、まず30秒間データに目を通して、読み取れそうなこと、ご提案できそうなことを集中して考えてしまいます。**最初に集中して考えてしまえば、「この仕事にはどれくらい時間がかかりそうか」という目途《めど》を立てることができます。**

目途が立てば、「ちゃんとできるかな?」「期日に間に合うだろうか?」と不安になったり、それが気になって他のことに集中できない、といった事態に陥《おちい》らずにすみます。

「なんにもやりたくない」という状態でも、とりあえず「先読み」だけして「いつやるか」を決めておけば、精神的にかなり落ち着きます。

気分が乗ったらそのまま進めよう

「先読み」するだけでもOKですが、気分が乗っているときは、そのまま仕事を進めてしまいます。

僕は、その場で考えて、アイディアが浮かんだらバーッとノートに書き留めるようにしています。

先日、仕事の打ち合わせが終わったときには、次の打ち合わせに向けて、準備にどのくらいかかりそうかをすぐに試算しました。

「この課題については、今度の出張の新幹線の中で考えよう。行きと帰りで6時間、そのうち寝る時間を引いた3時間でアイディアを出そう」と、仕事の目途を立てました。

同時に、次の打ち合わせまでにはどんな材料が必要かも考えました。そのときに浮かんだアイディアをざっと書き出して、大まかなラフを作っておいたのです。

ここまでやっておくと、少なくとも「何もやっていませんでした、スミマセン」という事態にはならなくてすむので、気分的にかなり安心できます。あとは、新幹線に乗るまで寝かせておいても大丈夫です。

学習指導をお手伝いしている学校の先生から「うちの高校1年生は国語が苦手なのですが、夏休みに取り組む、何かよい課題はありませんでしょうか?」とメールを頂いたときにも、まずは30秒間、本気で方策を考えました。

もちろん、この問題は国語科の講師陣に意見を聞くことが必要なのですが、自分なりに方向性を考えることで、「あの文章の要約は必ず課題に入れたいんだけど、それ以外に何かある?」というように、自分の意見を入れながら意見を求めることができます。

仕事に限らず、勉強でも「先読み」は大事です。出された宿題を「あとでやればいいや」と放っておくと、なかなか手をつけられなくなります。

やろうと決めたら、どれくらいかかりそうかをすぐに「先読み」し、その場でちょっとでも手をつけておくと、あとで本格的に取り組むときのハードルがぐっと低くなります。

とりあえず、作業にかかる時間を予測する

仕事を振られた…
課題が与えられた…

これをやるのに
どれくらい
かかるかな？

メールで指示が
送られてきた…

新幹線の中で
３時間取れば
できそうだな

30秒で試算し、いつやるかを決める

気分が乗っていたら…

アイディアを
ざっと書き出して
おこう

気分が乗らなかったら…

とりあえず、
新幹線まで
考えない

試算だけでもＯＫですが、
ちょっと手をつけておくとラクです

目途さえ立てば、今やらなくても大丈夫！

5 とりあえず、「緊急」かつ「重要」な作業だけはやる

やる気が出ない日は最低限の課題だけ押さえる

どういうわけか、「何をやってもダメ」という日が、月に何回かはやってきます。

気持ちも全く乗ってこないので、本当に困ります。

かといって、責任ある仕事の場合「あとは頼んだよ、よろしく」と丸投げして休むわけにもいきません。

僕は、日頃の自分の仕事や勉強を、「時間管理のマトリックス」に常にあてはめて考えています。左ページにあるように、やるべきことを緊急度と重要度の観点から4つの枠に分けるのです。

そのうち、「緊急」かつ「重要」なことはすぐに対応しなければならないこと。

やる気が出ない日には、この部分の課題に絞《しぼ》って、問題が起きない程度に淡々とやるようにしています。

受験生にたとえれば、**勉強をやる気が出ない日には、宿題と、毎日やるべきことだけをします。**「やるべきこと」とは、英単語を覚えるなどルーティンになっていることや、次の日の小テストの準備などです。

弱点克服など、中長期的なことはやりません。

最低限のことだけやったら、あとは寝てしまってもOK。次の日にまたがんばればいいのです。

緊急でないが重要なことも予定に組み込んで

もちろん、やる気がある日には、それ以外のこともちゃんとやっておきましょう。

勉強の場合、緊急でないものについては、つい後回しにしてしまいがちですが、やっておかないと、あとあと大変です。

これは、僕の高校時代の話です。

僕は受験前、いつも3時間目と4時間目の間にお弁当をすませてしまい、昼休みには図書室で勉強していました。

昼休みの30分間で勉強したのは漢文です。

大学受験における漢文は、最も「後回し」にされがちな教科です。英語や数学と比べれば、配点も低いうえに必要な学習時間も少なくてすむ教科だからです。

つまり緊急性は低いのですが、重要性は高い。なぜなら、漢文は攻略が簡単で、確実に点数の稼げる、「お買い得」な教科だからです。

漢文は緊急ではないけれど、重要。それなら、昼休みの30分を充てるのがちょうどいいのではないか、と考えたのです。**後回しにしがちな教科こそ、自分のスケジュールに定期的に組み込んでしまう**のです。

「この時間には絶対に漢文をやる」と決めてしまえば、なんとか時間を確保しようとするので、予定通りこなすことができ、おかげで得意科目にすることができました。

やる気がないときは最低限のことだけをこなしつつ、普段はできる限り「緊急ではないけれど重要」なことにも取り組むようにしてみるといいのではないでしょうか。

やるべきことは分類して考える

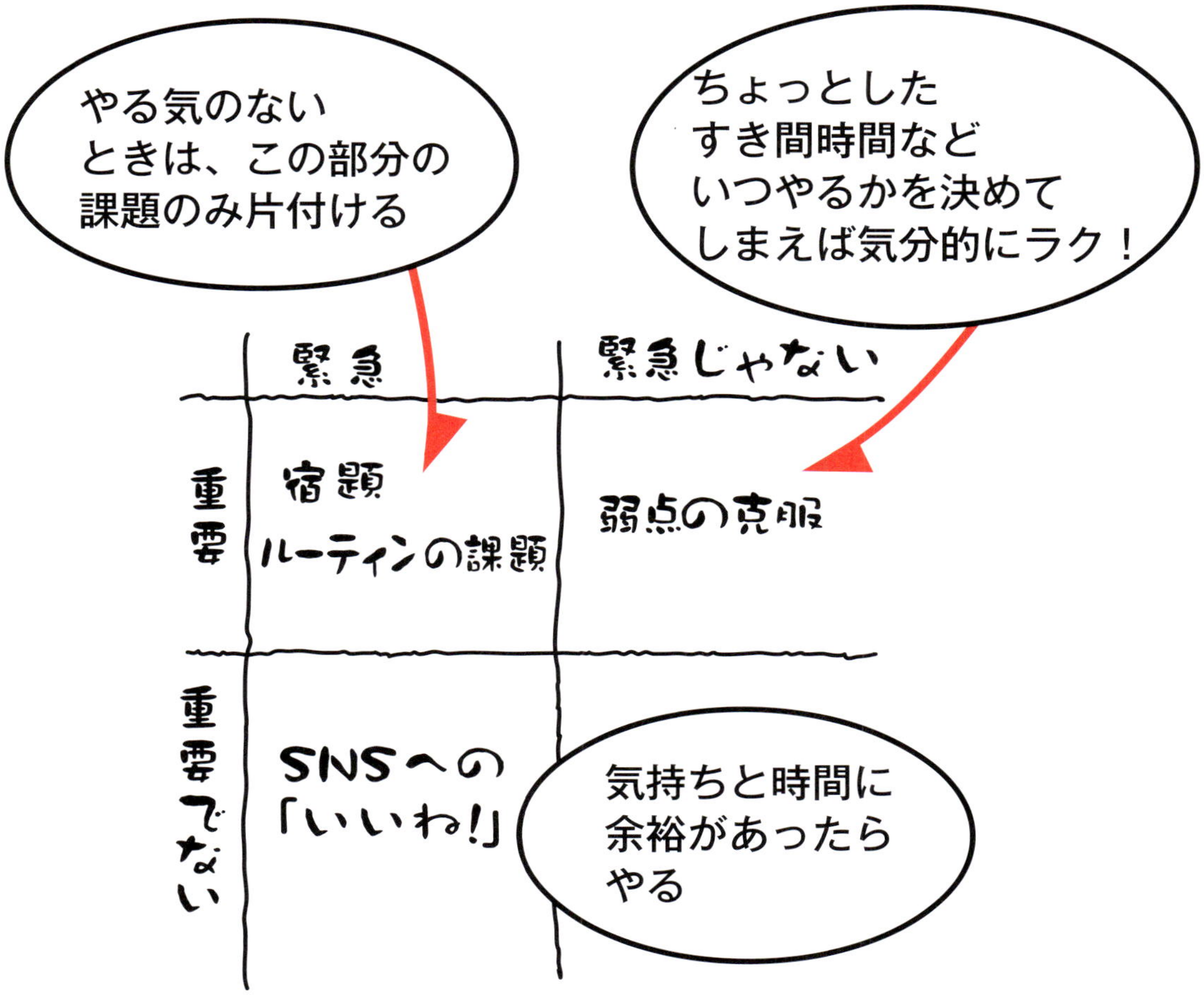
やる気のない
ときは、この部分の
課題のみ片付ける
ちょっとした
すき間時間など
いつやるかを決めて
しまえば気分的にラク！
緊急
緊急じゃない
重要
宿題
ルーティンの課題
弱点の克服
重要でない
SNSへの
「いいね!」
気持ちと時間に
余裕があったら
やる

自分の中で課題ごとに
位置づけておくのが
おススメ

「これだけやればよし」という最低ラインがあれば安心！

6 やる気に応じて、エリアを使い分ける

デスク・ソファ・ベッド、3つのエリアをうまく回す

ひとくちに「やる気」といっても、そのときの気分によって、やる気の度合は違うものです。

気力が満ち満ちていて、「さあ、やるぞー！」と、どんどん進められそうなときもあれば、「バリバリやれる気分じゃない、もう少しゆったり気分でやりたいなー」というときもありますよね。

僕は家で仕事をすることも多いのですが、家では、**そのときの気分や、やる内容に応じて、場所（エリア）を変えることにしています。**

たとえば、家でもまだまだ仕事をガンガンやれそうだ！　というときは、デスクの前に座り、パソコンに向き合って、本格的な仕事モードに入ります。

もうちょっとゆったり仕事をしたいときは、リビングにあるソファに座って。

身体を休めつつ、でも書類に目を通すぐらいはやろうかな、というときはベッドの上で。

このように、家の中を「バリバリエリア」「くつろぎエリア」「ダラダラエリア」に分けて、気分に応じて使い分けているのです。

先日、出張帰りでちょっと疲れていたときは、デスクに向かう気力がなかったので、ソファでくつろぎながら、仕事をしました。

原稿を読んだり、次の日に使う本を読んでおこうかな、と思ったりするときは、ベッドの上でのんびりしながら、ということもあります。

ゆったりしながら仕事を進めると、休憩しつつも仕事が片付くので、有効に時間が使えておトクなんじゃないかと思っています。

電車やカフェ、歩きながら……どこでもマイエリアは作れる

「エリア分けといっても、一人暮らしじゃないから難しい」という人もいるでしょうし、会社ではやりにくいと感じられるかもしれません。

そういう場合は、近所のカフェに行くとか、会社の休憩室や喫煙室を利用して、気分を変えて取り組んでみるのもいいと思います。

また、電車の中だと、仕事をしたり、本を読むのに意外と集中できる、という人もいます。読みたい本を持って、山手線を一周しながら、というのもいいかもしれませんね。

僕は、会社では自分のデスク・塾の教室・自習室・応接室でエリア分けをしています。会社の外ならば、大学・カフェ・歩きながら・BARといった具合に、ぐるぐる回しています。

ちなみに、知り合いのビジネスマンは、仕事を持ち込んで在来線のグリーン車に乗り、終点まで行って帰ってくる間に仕事を終わらせる、ということをたまにやっているとのことです。

いくつかお気に入りのマイエリアを決めておくと、「今日はこういう気分だから、あのカフェに行こう」というように、楽しみながら、効率よく勉強や仕事が進められるのではないでしょうか。

気分で「エリア」を使い分けると、メリハリが出る

バリバリ
エリア
やる気全開！
デスク
文字の間違いが
ないか、
チェックしよう
くつろぎ
エリア
ソファに座って…
関連資料でも
読もうかな
ダラダラ
エリア
ベッドで…
カフェや電車の中、歩きながら…など、
家の外でも使い分けはできます

**「バリバリ仕事をするエリア」と決めることで、
自己暗示にかける効果も！**

7 少しイラッとする人に会う

カンフル剤的な人の存在がいざというときの助けに

仕事があまりうまくいかなくて、気分が落ち気味のときや、「原因はよく分からないけど、なんか元気ないぞ」と自分で感じるときって、ありますよね。

僕はそういうとき、あえて、ちょっとイラッとするような人に会います。

僕にとっては、たとえば、いつも自信満々に見える元同級生。

彼に会うと、**「なにくそ！」「オレも負けないぞ」という気持ちが頭をもたげてくるので、気持ちが復活する**ことがよくあります。なので、ときどき約束をとって会わせてもらうんです。

あるいは、実家の母親。

会話はごくたわいもないもので、母親はよく、バカなことを僕に言います。「あんた、早く大学院出なさいよ、就活してんの？」。「いやいや、自分で会社経営してるし！　就活しないから！」と、おちょくられてイラッとするパターンです。明らかにバカにされていますが、逆に元気が出たりするものです。

「この人と会えば、自分を奮起《ふんき》させてくれる」と思えるような、カンフル剤的な知人は誰にでもいると思います。「エネルギーを注入してもらいたいときはこの人に会う」と決めておくのもよいかもしれません。

「会えば必ずほめてくれる」という人をキープ

「この人のところに行ったら、必ずほめてもらえる」という人に会うのも、やる気アップにつながります。

誰でもほめられればうれしいし、気持ちが上向きになるものです。

不得意な科目でちょっとがんばっていい点が取れたときなど、そういう人のところに行ってほめてもらうと、一気にモチベーションが上がります。

また、**暗記ものを覚えたら、誰かにその知識を披露《ひろう》するのもおすすめです**。それは、覚えた事項を再確認できるのはもちろんですが、それだけでなく、「すごいね」と言ってもらえるので、気分がよく、もっとがんばれそうな気がするからです。

学校や塾の先生でも、友だちでも、親でも、「負けないぞ」と思える人、会うと元気が出る人、ほめ上手な人など、会って活力をもらえる人たちがいると、へこんだときに助けになってくれます。

これまでに、僕が一番へこんだときといえば、起業して3年目のことです。同期がどんどん就職して安定した生活を手に入れていく中、会社経営でさまざまな壁にぶちあたって悩んでいました。肌荒れもひどく、不整脈まで出るほど。

父親に最初で最後（だと思います）の相談をしました。

すると父は僕に、「とりあえず、がんばって失敗しろ」と言ったのです。

「失敗しろ」と言われたことですごく気持ちが楽になりました。信頼する人のくれる言葉は、自分を力づけてくれるものです。

周囲の人は、いろいろな刺激や影響を自分に与えてくれます。そんな人たちが、自分を引っ張り上げてくれることもあるのです。

気分が落ちているときは、人に会ってやる気をチャージ！

「負けたくない」と思う人に会う

オレだって
負けないぞ！
自信満々

ほめてくれる人に会う

エヘヘ…
そんなことも
知ってるのか。
すごいな！

信頼できる人に励ましてもらう

うる…
がんばれよ

周囲の人の助けを借りて、引っ張り上げてもらおう！

8 頭が働かないときは、情報を遮断する

カフェに出向いて環境を変えてみる

どうも考えがまとまらない……というとき、僕はよくカフェを利用します。

僕のお気に入りのカフェは、主に2つ。近所のスターバックスコーヒーと、落ち着いたホテルのラウンジです。

スターバックスは、同世代の人たちがたくさんいて、ちょっとザワザワした感じ。ラフにアイディアを考えたいときなどに気軽に利用します。

悩みにぶつかってじっくりと考え事をしたいとき、あるいは会社の事業計画など、重要な案件を考えたいときには、ホテルのラウンジに足を向けます。インテリアもゆったりした雰囲気ですし、お客さんもくつろいでいるので、落ち着いて考え事に集中できます。

ホテルのラウンジは、お値段もやや高めなので、1時間くらいたっぷり時間を費やして、没頭することが多いですね。

この2つ以外のカフェを利用することもありますが、僕が意識していることは、**考えたい内容によって「ここではこれを考える」というように、あらかじめデータベース化して、頭の中にストックしておくこと。**

すると、「あれを考えなきゃ……」と思いつつも先延ばししているとき、とりあえずいつもの場所に身を移すだけで、モードが「考えるモード」になり、考え事が進むようになります。

持っていく道具は潔くシンプルに

カフェに行くのは、環境を変えることで、新しいアイディアをひねり出す、という目的がありますが、もうひとつ大きなメリットがあります。

それは、情報を遮断《しゃだん》できることです。

仕事場だと、パソコンが目の前にあって、なんでもすぐに検索できますし、スタッフもいるので、意見を聞くことができます。情報を外側からとりいれたいときには、便利な環境です。

でも、**考えがまとまらないときは、情報が多すぎることもあります。**

そういうときには、自分の頭の中だけで考えたほうが、答えを導き出しやすいはずです。

だから、カフェに持っていく道具は極めてシンプルに、ノートとペンだけ。場合によって、本をプラスする程度です。

本を持っていくときは、それを材料にして考えたいときです。

たとえば、「会社組織改編のアイディアを5個くらい出したい」という課題があるときに、「組織論」などの関連する専門書を持っていき、パラパラとめくりながら「あ、これは僕もやっている方法だな、僕だったら、もうちょっとこういう感じだな」と本をヒントにしつつ、アイディアを書き出していくのです。

5個出たところで、おしまい。

ノートとペンだけ、というときは、自分の頭の中とひたすら向き合い、奥底にある考えを引き出していきます。

シンプルな材料で考えると、頭の中がすっきりして、出てくるものも整理されたものになるように思います。

考えがまとまらないときは場所を変える

メリット1 環境が変わるとやる気が湧いたり、新しいアイディアが出る

スラ
スラ

メリット2 情報を遮断できるので、頭の中が整理され、シンプルに考えられる

持ち物はコレだけ！

環境を変え、
気分を変えると、
自分の頭の中と
シンプルに
向き合える

BOOK
ノート
ペン
ときどき本も…

頭の中とひたすら
向き合うために、
持ち物は少なく！

複数の「書斎」をキープして、頭の切りかえをすばやく！

Column 3

黒船を呼べ！

コラム②の続きです。

毎朝の呼びかけ運動が始まりました。朝7時に正門に立って「中学生徒会です。白かばんの使用をお願いします！」と呼びかけ運動。

最初は無関心だった先生方も「がんばってね」「応援しているよ」と声をかけてくださるようになってきました。

どれくらいの期間が経ったかわかりませんが、根気よく続けた結果、全員が使ってくれるようになりました。

早速かばんの使用状況をデータにまとめ、「よし、これでお願いする準備ができた」と生徒会顧問のY先生のところに持っていきました。

すると「要望書が必要だと思う」とアドバイスを頂き、僕らはさっそく要望書作成に取り掛かりました。

要望書に「これが生徒の声です、お願いします！」と書くだけでは何も変わらないので、できる限り納得して頂きやすい文書にしようと心掛けました。白かばんを自由化することのメリットとデメリット、そのデメリットはどうすれば解消できるのか。なるべく多角的に問題をとらえようと、生徒のアンケートだけではなく、PTAの方々や先生方のアンケート、ご意見も反映するようにしました。

また、具体的に数値化できるところは数値化しました。平均的なリュックは教科書が○冊入るが、白かばんは○冊しか入らない、など……。

そこそこ満足できる要望書が完成しました。しかし、そろそろ任期の終わりが見えてきて、僕は焦《あせ》り始めました。

選挙に出るときに水をかぶって気合を見せたのに、このままでは「白かばんを自由化する」という公約を守ることができません。

「どうしたら、スピーディーに組織を変えることができるんだろう」

——何かヒントはないかと思ったところ、小学校時代に習った日本史を思い出しました。

「日本が鎖国から開国したのは、外圧があったからだ！」

当時の日本には「黒船」が来た。では、今の状況における「黒船」的存在はなんだろう……。学校の外にあって、絶対的信頼があるもの……。

「お医者さんだ！」

要望書のデメリットを眺《なが》めているとき、「片方の肩に負荷がかかるので、バランスが悪い」という項目を見つけ、僕はピンときました。

さっそく仲間と病院に飛んでいきました。整形外科の先生に取材して、成長期の中学生の身体に及ぼす影響をレポートにまとめました。

要望書にそのご意見をプラスして、提出。

同時に白かばんに代わる指定かばんも考えたり、キーマンの先生にご挨拶にまわったり、いろいろとできる限りのことをした結果、見事、白かばんを自由化することができました。よかった！

結局、それからずっと生徒会を続け、高3の秋まで生徒会長をやっていました。学食（カフェテリア）に入っている会社のサービスに対する不満が多く聞かれたので、PTA会長さんと連携して他の会社に変えてしまったり、さまざまなことをしていました。

思えばいろんな方々にご心配とご迷惑をおかけした中学高校時代でした。

そんな奔放《ほんぽう》な僕を許容してくださった海城学園の先生方や、見て見ぬふりをして応援（?）してくれた両親にも感謝しています。もちろんついてきてくれた仲間にも……。

「日本の教育に一石を投じたい」と、20歳で会社を立ち上げたのも、「文句があるなら自分でルールを変えなさい」という発想がありました。

僕はこれからもこのマインドで挑戦を続けていきたいと思っています。

4
時限目

いつも三日坊主。やる気が続かない！

1 「ゴールに近づいている感じ」を味わえるようにする

心の負担を減らし、自分を励ますこの方法！

「来年の資格試験まで、本当にがんばれるかな?」「この売り上げ目標を達成できるのかな?」などなど、ゴールが遠すぎて、途方もないような感覚になってしまうことがありませんか?

僕にとって、最も長く感じられる仕事は執筆です。

途中で「ダメな本を書いたら、たたかれて自分の人生が終わってしまうかも……」という思いに襲われて、精神的にきつくなります。大変お恥ずかしい話ですが、一冊書き上げるまでに、必ず一度は「もうやりたくない」と思っています。

そんな中で書き続けていられるのは、読者の方からいただくお手紙やメッセージに励まされているおかげですが、加えて、続けるための「4つの策」を編み出したからです。「4つの策」とは以下の通りです。

① なるべく短期間で終わらせ、締切は死に物狂いで守る

② 最初の段階で、無心で作業できるところまで持っていく

③ やりやすいところから手をつける

④ 「これだけやった!」と小さな達成感を味わえる仕組みを作る

最初に型を作れば、挫折しない

それぞれについて、少し説明します。

① 締切は野良犬のようなもので、逃げると追いかけてきて、さらに苦しくなります。ですから、執筆期はまとめて時間を取って1冊あたり1ヵ月半くらいで一気に書き上げ、締切は、なにがなんでも守ります。

② 最初に構成を決める段階で、各ページの小見出しまですべて考えてしまい、あとはその型の中に文章を流し込むだけ、というところまで、一気に作業してしまいます。

次の作業は無心で文章を書くだけなので、精神的な負担が軽くなります。

③ 書きやすいところから手をつけ、どんどん書き上げていきます。

たとえば、5章立ての本で、2章と4章が書きやすいと感じたら、そこから書き始めます。書きながら「あ、もう40%終わった」とパーセンテージを稼《かせ》ぎ、終わりが近づいたと思うことで自分を励まします。

④ 最初はテキストファイル（メモ帳）で文章を打ち、たくさん書いたなと思ったら、ワードに貼り付けます。

すると、文字数が表示されるのですが、このとき、想像していたより多いと、「あっ、もうこんなに書いたんだ!」とうれしくなり、達成感が味わえます。

いかがでしょうか? ここまでやらないと文章を書き上げられない僕は、かなり意志が弱いのかもしれませんね……(笑)。

執筆の例で説明しましたが、これはさまざまな事例に応用できると思います。

できるだけ精神的な負担を減らしつつ、やりやすいやり方で、小さな達成感という〝ごほうび〟をもらう。

こういう仕組みがあれば、くじけそうな自分を励ましつつ、きっとゴールまでたどりつけるはずです!

挫折しないための４つの秘策

① 極力短期間で終わらせる。期日は絶対守る

あと１週間！
○月
水 木 金 土
11 12 13 14

② 無心で作業できる段階に持っていく

大枠だけは
作ったぞ！

③ やりやすいところから手をつける

データだけ先に
そろえちゃおう

④ 達成感を味わえるしくみを作る

もうこんなに
書いたんだー

「どんどんゴールに近づいている感じ」を味わえるように進めるのがコツ！

2 勉強のための読書は30分で終わらせる

目次を使って予習＆復習

「時間がない！　でも勉強や仕事のために本を読まなくちゃ」というとき、僕は「1冊30分」と決めて、サクサク読むようにしています。

えっ、30分で読めるの？　と驚かれるかもしれませんが、僕は速読の技術を持っているわけではないので、全部に目を通しているのではありません。

大体、どういう内容で、何を言いたい本なのかを、ざっくりとつかんでいくのです。

僕が行っている30分読書のやり方は、以下の通りです。

- **最初に目次に目を通す**
- **ストーリーのまとめ**（文庫本の裏表紙や帯など）**があれば、先に読む**
- （場合によりますが）**先に書評に目を通す**
- **本文の大事そうなところを拾い読みする**
- **最後にもう一度、目次に目を通す**

目次はどういう本かが一目で分かるので、「予習」するつもりで、押さえておきます。ストーリーのまとめや書評を読むのは、概要《がいよう》をつかむ手助けに。

最後に目次を見直すのは、「復習」のためです。「あ、こういう本だったな」と内容を整理するのに役立ちます。

僕は通常、1冊2時間のペースで読むので、30分だと4分の1の時間しかありません。

でも、物事の理解度というのは、左ページのグラフのように、だんだん上がり方がゆるくなっていくものだと思うのです。

だから、ものすごく分厚い本や難しい本は別にして、普通の単行本や新書、文庫本なら、かける時間を短くしても、6割くらいは理解できると考えています。

時間がないときは、ぜひ試してみてください。

要約力を磨くと内容理解が速くなる

本を速く読むためには、要約力も必要だと思います。

小学生の頃、僕は説明文を読んだら大切なところに蛍光ペンで線を引く、という勉強を続けていたことがあります。そのおかげで、どこに大切なことが書かれているのかが大体分かるようになりました。

要旨をまとめる力をつけるためには、本を読んだあと、「こういう本だったよ」と誰かに伝えるのがおすすめです。

そのとき、「この本、面白かったよ」ですませてしまわずに、「この本は、こうこう、こういう内容で、ここが面白かったよ」というように、要旨と感想をセットで伝えるようにしましょう。

このようにあとで人に伝えるつもりで読むようにしていくと、**要旨をまとめる習慣ができて、内容が頭に入りやすい**のです。

さらに、日頃から30分読書をしていると、自分を常に追い込みながら読むことになるので、自然と要約力が磨かれます。

忙しい人にこそ、やってみてほしい方法です。

30分読書のコツ

① 目次にひととおり目を通す

まずは内容を「予習」

物事の理解度は
こんな感じで上がるのでは？

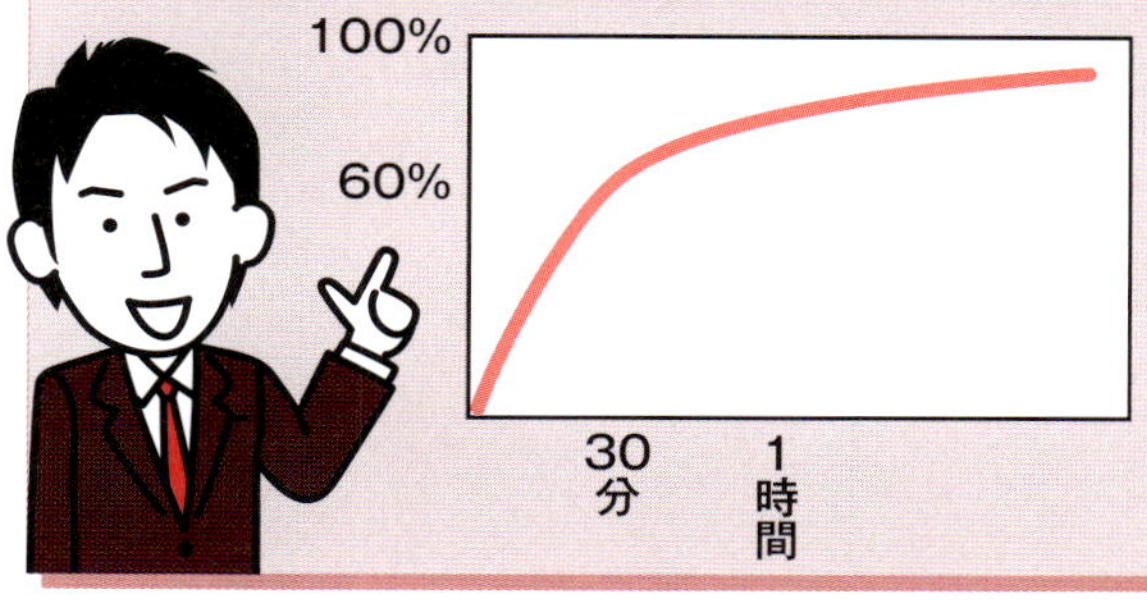

先に書評に
目を通しても
ＯＫ！

② 裏表紙や帯でストーリーのまとめを読む

主旨を
把握する

③ 本文を拾い読みする

大事そうな
箇所やポイント
になりそうな
フレーズを
チェック

④ 最後にもう一度、目次に目を通す

「復習」して
内容を整理

「こういう本だったよ」とあとで人に説明するつもりで読めば、理解力がさらにＵＰ！

3 まずは6割まで超特急で仕上げる

「とりあえず6割」だと気持ちが楽になる

僕は、仕事を依頼されたときは、「まずは6割まで超特急でやってしまう」ことを基準にしています。

なぜ6割か？　それは、「6割くらいなら、とりあえず、なんとかクリアできるだろう」というイメージが持てるからです。

たとえば、テストで70点取れと言われたら、ちょっとハードルが高い気がするし、50点だと半分だから低すぎる。でも60点だったら、「イケそうだな」と気持ちが乗ってきませんか？

6割というのは、気持ち的にとても動きやすい数字なのではないかと思うのです。

たとえば、出版社の方に「次回作の企画書（目次案）を作ってください」と頼まれたら、6割くらいの目途で、できるだけ早く仕上げてしまいます。

そして、「こんなイメージでどうですか？」とメールでお送りし、お返事を待つのです。

超特急で6割をやっておくと、「仕事が速いね！」と思って頂けたりしますが、それだけでなくさまざまなメリットがあります。

【メリット1　全体像のイメージが湧く】

6割くらいやれば、相手にも大体のイメージが湧くので、具体的な話し合いがしやすくなります。

【メリット2　修正に応じやすい】

相手に投げて、「こういう方向じゃないんだよね」と言われたとき、6割なら方向転換に応じやすくなります。もし、100％まで仕上げていたら、修正の手間も、精神的な疲労度も大きくなってしまいます。

【メリット3　仕上げまでにゆとりが持てる】

早めに6割終わらせておけば、あとは仕上げるだけなので、精神的にゆとりが持てます。また、たとえ方向転換を迫られても、締切までに修正の時間がきちんと取れます。

「全然やってない！」という事態を防げる

社内で企画書などを作るときも、アイディアを出すときも、とりあえず6割までバーッと一気に作り、「これ、どう思う？」と社内のスタッフに意見を聞きます。

6割作れば、スタッフにもイメージがつかみやすいですし、方向転換が必要になっても、それほど負担になりません。

「全部終わった～」と思ってから、これは全然違う、という事態は、できるだけ避けたいですからね。

もちろん、6割というのは、あくまで途中段階なので、ここで満足するのではなく、最後には100％まで気を抜かずに仕上げます。

勉強でも同じことです。

たとえば、**試験直前期になるまでに、どの科目も6割くらい仕上げておくと、「あっ、あの科目は全然やってなかった！」となるのを防げます。**

6割終わったら、あとは100％目指して詰めの作業に入りましょう！

「とりあえず6割」を目指すと気分的にラク！

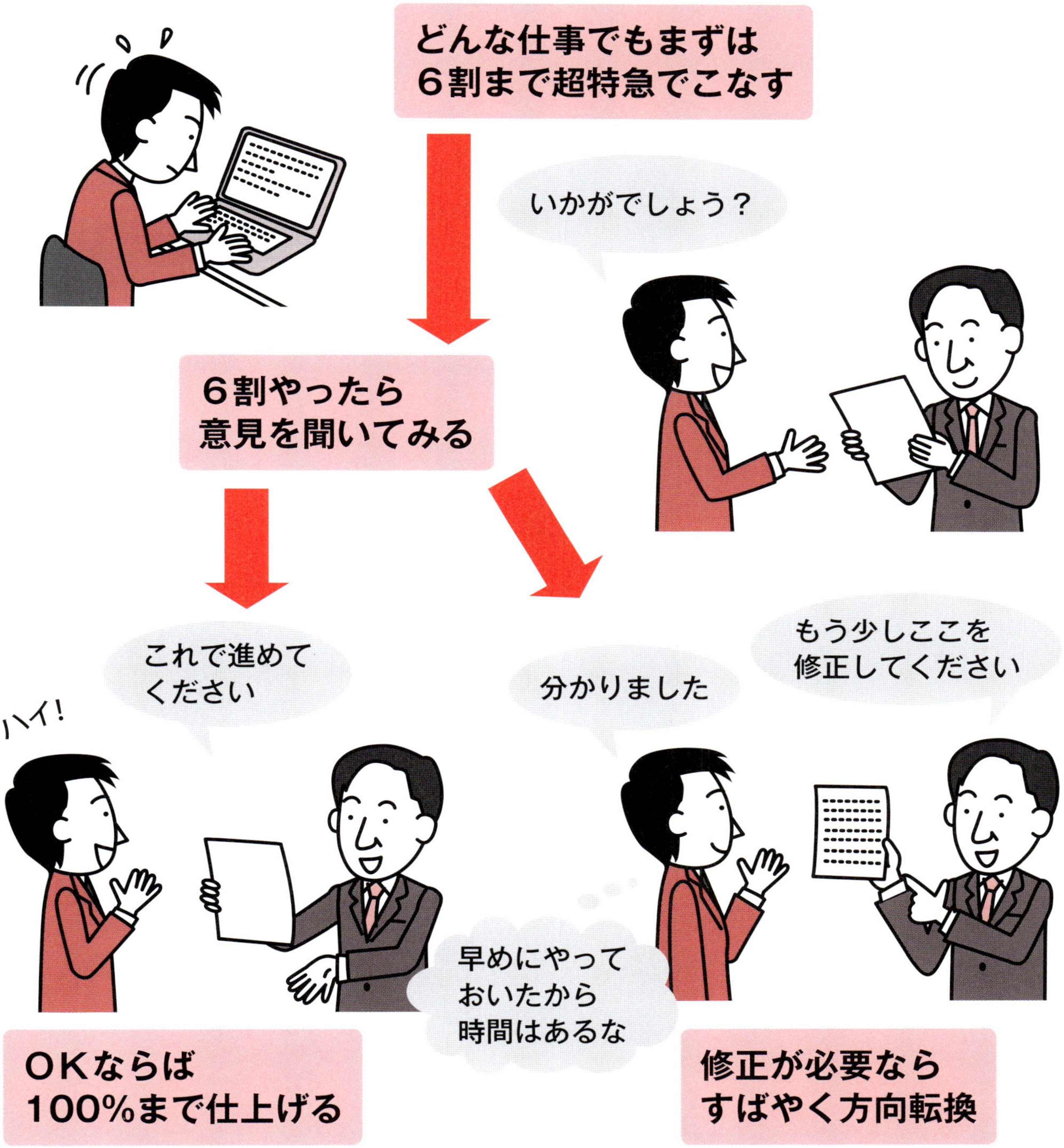
どんな仕事でもまずは
6割まで超特急でこなす
いかがでしょう？
6割やったら
意見を聞いてみる
これで進めて
ください
ハイ！
分かりました
もう少しここを
修正してください
早めにやって
おいたから
時間はあるな
OKならば
100%まで仕上げる
修正が必要なら
すばやく方向転換

6割やっておけば、仕上げまでの精神的なゆとりが持てる

4 甘え上手になる

聞き上手な人に話を聞いてもらう

わが社には、とても聞き上手なスタッフK君がいます。

こちらの言ったことを、なんでも受け止めて、前向きに励ましてくれるのです。

僕は基本的にポジティブなのですが、ときどき自信がなくなることがあって、そんなときは彼と話すようにしています。

とはいえ、「今、自信ないんだ」なんて、恥ずかしくて絶対に言えないので、授業がうまくいかなかったときには、「今日、こういう授業があってさ……」と、さりげなく話し始めます。

彼は、どんなときでも人の話を否定しないで聞いてくれて、「ああ、そういうことって、ありますよね」とうなずいてくれます。

話をきちんと聞いて受け止めてくれる安心感に助けられて、だんだんポジティブな気持ちになってくるのです。

こんなふうに、**落ち込んでいるとき、自信がないとき、周囲の人の力を借りて、ちょっと甘えさせてもらう**のも、モチベーションアップにつながる気がします。

大変なときは周囲を巻き込む

周囲の期待が重たく感じられるとき、あるいはプレッシャーのかかる仕事のときも、大いに周囲の力を借りています。

たとえば、学力向上のお手伝いをさせていただいている高校で「うちの高校の学力を3年間で飛躍的に向上させて欲しい」と依頼を頂き、結果を出すことを迫られていると感じたとき。

会社に帰ってから**「こういうことを言われたんだけど、どうしよう」と、みんなに言って回り、社内全員で責任を共有してもらいます。**

仕事をお引き受けするということは、僕だけでなく、会社全体の話ですし、自分だけで抱えていると押しつぶされてしまうと思うからです。

もちろん、みんなに言って回ってもいいアイディアが出ないこともありますし、スタッフに手伝ってもらえないこともあるのですが、周りの人に言うだけで気持ちは楽になってくるものです。

「会社として全力を出して、できなかったらしょうがない」というところまで持っていくために、みんなで共有するのです。

周囲のスタッフに力になってもらうためには、日頃のコミュニケーションが欠かせません。

僕は1週間に10回程度（朝・昼・晩）、スタッフを食事に誘います。そして、共通の話（たいていは仕事のこと）をしながら、コミュニケーションをとっています。

あるいは、遅くまで仕事をしているスタッフに、お菓子を差し入れすることも。一緒に食事をしたり、お菓子を食べたりすると、すごく空気がなごむので、お互いの距離が近くなる気がします。

周囲に甘えさせてもらっているので、いざというとき、快く協力してもらうためにも、普段のちょっとしたコミュニケーションが大事だと思っています。

周囲の人の助けを借りよう

聞き上手な人に話を聞いてもらう

今日はうまく
いかなくてさ…
ああ、
ありますよねー

プレッシャーを感じたら、周囲の人に話して共有してもらう

○○高校に「生徒の学力は
御社にかかっている！」
と言われたよ…
みんなで
がんばりましょう！

甘え上手になれば押しつぶされない！

5「電源オフ」の時間を作る

電源をオフにする時間が大事

どうも僕は、常に「オン」の状態で突っ走っているイメージを持たれているようなのですが、実は全然違います。

ちょこちょこ電源をオフにして、メリハリをつけるよう心がけているのです。

僕にとって、電源をオフにするとっておきの方法は、〝プチ昼寝〟です。

たとえば、移動中の新幹線の中で。次のアポイントまでの5分間の待ち時間で。すき間時間をみつけては、ここぞとばかりに寝るのです。

先日、出張先で講演をしたとき、教育委員会の方が会場まで車で送ってくださったのですが、その車の中でも寝かせてもらいました。

送って頂いている車で寝たら、普通は失礼にあたるのですが、信頼関係にある方の車ということもあり、「講演会で十分なパフォーマンスを発揮したいので、申し訳ありませんが寝かせてもらっていいですか？」とお願いしたのです。

こういう細切れの睡眠時間は、僕にとっていい仕事をするために欠かせない時間です。

プチ昼寝のコツは、「プチ」という名の通り、たっぷり寝ないこと。せいぜい、長くても20分以内にとどめます。

20分を過ぎると本格的な眠りに入り、起きたときボンヤリしてしまうからです。

もうひとつは、気持ちよく寝てしまわないこと。ベッドでは寝入ってしまうので、机に突っ伏すとか、壁に寄りかかって寝るなど、短時間で起きられるような工夫をします。

プチ昼寝をしたあとは、頭がすっきりして、「よし！」という前向きな気持ちがよみがえります。

考え事に煮詰まったときも、5分間眠って意識を飛ばしてから再び取り掛かると、打開策が見えることがあります。

身体を動かすのもリセットになる

プチ昼寝よりも、もう少し時間が取れそうなときは、ジョギングをしたり、ジムに通うこともあります。

ジムの場合は、「30分でできるメニュー」「1時間でできるメニュー」をあらかじめ決めておきます。1時間空いた、というときは、移動や片付けにかかる30分を引いて、30分のメニューをこなします。

こうやって時間とメニューを決めておくことで、ダラダラするのを防げます。

「やる気が続かない」というときは、電源をずっと入れっぱなしにしていないか、ちょっと振り返ってみるといいと思います。

誰だって、常にオンの状態では疲れてしまいます。

昼寝というと、なんだかサボっているようなイメージを持つかもしれませんが、そのあとのパフォーマンスを考えると、きちんと投資になっています。

会社勤めの方は昼寝をするのは難しいかもしれませんが、1日1回でも、どこかで電源を切る時間を作って、心と身体のリセットを意識されてみてはいかがでしょうか。

"プチ昼寝"僕の3原則

① すきま時間を上手に活用

会議まで
あと5分

出張の新幹線で…　移動中のタクシーで…　待ち時間を利用して…

② 長くても20分以内

よしっ！
今から10分寝るぞ
10:00
タイマー

③ 気持ちよく寝ない

ベッドは
×です！

机に突っ伏したり…　柱に寄りかかったり…

**ダラダラするよりは、瞬間的にスイッチを切って、
リセットしたほうが効率的！**

6 自分に「ごほうび」を用意し、その喜びを徹底的に味わう

〝プチ贅沢〟でモチベーションを維持

「タクシーを使うときは、できる限り2000円以内に抑《おさ》える」

これは、僕の中でのひとつのルールです。

この金額が一番気持ちよくて、ふところも痛めないからです。

先日、出張から最終の新幹線で帰って、東京駅に着いたときのこと。荷物がたくさんあって、夜も遅くヘトヘトに疲れていたので、「タクシーで帰っちゃおうかな」と考えました。

でも東京駅から自宅までタクシーに乗ると、2500円くらいかかります。それはちょっと高く感じられたので、最寄りの駅まで電車で移動し、そこからタクシーに乗りました。

かかった金額は710円。ルール以内の金額です。

でも、駅からタクシーを使ったことで、「今日は楽だったな～」という気分になれました。

自分にとって心地よい範囲内の金額で〝プチ贅沢〟をするのは、モチベーションの維持につながります。

がんばった自分への〝ごほうび〟をあげれるのは、うれしいことだし、「タクシーに乗ったんだから、次の日もがんばって仕事しなきゃな」と新たなエネルギーが湧くからです。

ただ、あまり高い金額を使ってしまうと、「ああ、無駄遣いをしてしまった……」と後悔してしまい、気持ちが下がってしまいます。どのぐらいの金額が自分にとってちょうどいい〝プチ贅沢〟なのか、見極めが肝心です。

何かやり遂げたら、ケーキを買って帰るもよし、美味しいものを食べに行くもよし。ときには洋服や時計をいいものにして、自分をグレードアップしてみる、なんていうのもいいですよね。

リラックスできる空間も自分へのごほうび

自分へのごほうびのひとつに、「最高にリラックスできる空間を作る」ということもあります。

あとでも述べますが、僕は睡眠をとても大事にしているので、寝室は最高の空間にしようと思って投資しています。

ベッドは思い切ってクイーンサイズの、寝心地のいいものを選んでいますし、寝室はできるだけ生活感がないよう、余計なものを極力排除しました。ベッドの左右にナイトテーブルを置き、ホテルっぽいイメージになるようにしています。

夜眠るのは、日中がんばった自分への最高のごほうび。だとしたら、気持ちいい寝室で、心地よく眠りにつきたいですよね。

前に述べた〝プチ昼寝〟も、自分へのごほうびといえるかもしれません。

今日もがんばった自分に「お疲れさま！」の気持ちを込めて、ごほうびを用意してあげると、次の日へのエネルギーがチャージできます。

“ちょっとした贅沢”でエネルギーをチャージ！

自分が気持ちよく、ふところも苦しめない金額で…

1000
タクシーを
使うときは
￥2000以内！

“プチ贅沢”をして自分にごほうび！

TAXI
今日は
疲れたから
使っちゃおう

いい気分になれたら… → 新たなエネルギーが湧く！

今日はラク
しちゃったー
ただいま〜

明日も
がんばるぞー

自分へのごほうびは、気持ちよく味わおう！

7 栄養ドリンクを「お守り」代わりにする

テンションがやたらと上がってきたら要注意

僕は、自分の気持ちのバランスを取ることをとても大事にしています。

いたずらにテンションが上がったり下がったりすると、仕事や勉強の効率が悪くなりますし、生活リズムも崩れ、精神的にも身体的にもよくないと思うからです。

基本的には、無理してでもがんばりたいタイプなのですが、気持ちが上がりすぎて「うわっ、明日落ちそうだな」というときには、無理をせず、セーブするようにしています。

今日、深夜までがんばれたとしても、翌日パフォーマンスが落ちて、トータルでマイナスになっては意味がないと思うからです。

「今日はどんどんいける！」とテンションが上がってきたときこそ、要注意。

次の仕事、明日のことも頭に入れて、トータルで能率の上がるペース配分をすることが大切です。

“最後の砦”があると、「まだやれる」と思える

「疲れがたまっているけど、会議に出なきゃ」「仕事でグッタリだけど、勉強したほうがいいな」……などなど、調子が出ないけれど、もうひとがんばり、というとき、僕はたいていコンビニエンスストアに足を向けます。

外に出て歩き、気分を変えると同時に、脳を活性化するための何かを探しに出かけるのです。

選ぶのはたいてい、チョコレートなどの甘いもの。もう少しシャキッとしたい、というときはコーヒーです。炭酸系の飲み物や、ガムを選ぶこともあります。

栄養ドリンクは、「ここぞ」というとき以外は買わないようにしています。

なぜかというと、飲んだあとに、「ああ、ついに頼ってしまった」という罪悪感のようなものがチラッと脳裏《のうり》をよぎるからです。

それに、飲んでしばらくの間は気持ちが上がるのですが、効力が切れるとガクッと落ちてしまうのがこわいというのもあります。

だから、ちょっとやそっとのことでは飲みません。

逆に、「今日はもう上げすぎちゃってもいいや」というとき――たとえば、ものすごくエネルギーのいる仕事で、かつ、そのあとにガクッと落ちても支障のないとき――には、栄養ドリンクを飲んで、一気に気持ちを上げていきます（ちなみに僕は昔から「リポビタンD」派です）。

栄養ドリンクは、いざというときのための「お守り」のようなもの。

これによって、モチベーションを上げるスイッチが入ります。

そこまでいかないときは、**「まだ栄養ドリンクに頼るほどには至っていないな。まだまだやれそうだ」と心に余裕が生まれます。**

「これが最後の砦《とりで》」みたいなものを意識してキープしておくと、「もうひとがんばり」ができるのです。

疲れたときの“もうひとがんばり”アイテム

チョコレート < コーヒー < 栄養ドリンク

ちょっと疲れてきたとき…

**もうちょっと
シャッキリしたいとき…**

ガツン！と上げたいとき

“ここぞ”というときの
とっておき

「最後の切り札」はなかなか出さないから効力がある

8 「気持ちよく寝ること」に手を抜かない

やる気は十分な眠りから

睡眠時間が十分足りていて、日光に当たっていれば、基本的にやる気が出ると僕は信じています。

やる気が出ないときは、睡眠時間が足りていないことが多い。ですから、「心地よく眠る」ことに関しては、相当気を使っているつもりです。

前にも書きましたが、寝室はできるだけ生活感をなくし、ベッドや照明にも、こだわっています。

そして、寝るときは、徐々に照明を落として、自然に眠りに入れるような雰囲気を作ります。

環境だけでなく、心理面も大事です。

寝る前には、必ず、明日のスケジュールをｉＰｈｏｎｅで確認します。「よし、ＯＫだ」と安心できたら、次の2つのことをします。

ひとつは、リラックスできる音楽をかけること。もうひとつは、その日に撮った写真を、ｉＰｈｏｎｅで見ることです。

僕は食べることが大好きなので、食べたものの写真をよく撮ります。「今日のこれは美味しかったなー」とか、「明日は何を食べようか」などと考えていると、楽しい気分になれるのです。

こうやって、心理面も環境面も整えておくと、気持ちよく眠りに就《つ》くことができます。

睡眠時間は計算したら負け!?

通常、仕事のある日は、退社してから翌朝出社するまでの時間が、8時間くらいしかありません。移動時間を除けば、正味7時間半。

その7時間半で、いかにリラックスし、疲れを取り、次の日につなげるかを常に考えています。

僕は寝る直前にお風呂に入るのですが、お風呂には音楽を聴くためにCDラジカセを置き、花を飾っています。手入れする時間がないので造花ですが、ちょっと飾るだけでリラックス気分が違います。

お風呂で十分にくつろぐと、スムーズに寝るモードに入っていけます。

理想の睡眠時間は6時間半、最低でも5時間は必要です。

でも、いつもそれだけの睡眠時間を取れるわけもなく、ときには5時間を切ってしまうこともあります。

そのときは、睡眠時間のことは一切考えないことにしています。

たとえば、繁忙期で明け方の4時に寝て、7時に起きなくてはいけないとき。

朝起きて、「昨日、何時間寝たっけ？ 7－4＝……あっ、もう考えるのやめよう」とそこで考えを打ち切ります。

「昨日は3時間しか寝ていない」となると、3時間という数字に引きずられて、「今日は何やってもダメだ」と考えてしまうからです。

ミスをしたときに「昨日寝てないからなー」という言い訳もしたくないですからね。

睡眠時間が足りないときは、計算したら負け。

これは僕の中で、やる気を失わないためのルールです。

よい睡眠はモチベーション維持の原動力

寝室を気持ちのいい空間に

くつろぐ
なぁ…

寝る直前は楽しい気分で

今日のカキは
美味しかった
なぁ…

睡眠時間は計算しない

何時間
寝たかな？
７時－４時＝３…
あっ、もう考えない！

音楽を使ってスムーズな眠りへ

徹夜するよりも、しっかり寝たほうが継続してがんばれる

できない自分を恥ずかしいと思わない

僕が教育問題に目覚めたのは、14歳のときでした。

海城中学校では、社会の授業の一環として、社会問題を一つ自由に選び、レポートとしてまとめるという課題がありました。そのとき気になったのは「ゆとり教育」のこと。「このままだと、ゆとり世代はバカになる」という言葉を聞いて、僕らには何の責任もないのに「ゆとり第一世代」にさせられていることに疑問を感じたのです。

そこから東大教育学部を目指すようになり、「日本の教育に一石を投じたい」との思いから、大学在学中に20歳で起業しました。

しかし、会社に勤めた経験もなく、常に年上の方々とお仕事をご一緒させて頂いていたので、社会人として、少なからずの劣等感を抱いてきました。

でも、ある時期から僕の意識は変わってきました。相手と自分の優劣を考えるのではなく、自分に足りないところは教えて頂こうと考えるようになったのです。

僕の会社の後輩に、すごく優秀なスタッフW君がいます。

僕より年下ですが、仕事はノーミスで完璧にこなします。「こんなにできるヤツがいるのか……!」と感心するほど。

僕はうまくいかないとき、彼にアドバイスをもらうことがよくあります。

「年下なのに」とか「こいつは僕よりできる」とか劣等感を持つよりも、逆にいろいろと聞いてしまったほうが、ずっとためになると思うからです。

とはいうものの、中学・高校の頃は、後輩に何か聞くなんて、恥ずかしくてできませんでした。

ただ、仕事を始めて経営者になってからは、自分ができないことは誰かに頼まないと会社が回っていかないんだ、ということを肌で感じ、人に聞いたり、お願いしたりするのが恥ずかしくなくなってきたように思います。

小さな優劣にこだわるよりも、大きな目的のほうを考えるようになったのかもしれません。

今もさまざまな方々とお会いすることが多いのですが、先ほどの「教えて頂こう」というスタンスから変わったところもあります。

それは、自分よりもはるかに経験や知識が豊富な方に「ついていけない」とならないよう、徹底的にリサーチしてからお会いすることを心がけるということです。

以前、フリーアナウンサーの堤信子《つつみのぶこ》さんと文具の話で盛り上がったことがあり、『趣味の文具箱』という雑誌を教えて頂きました。

そこですぐにその雑誌を買って読み、次にお会いしたときに「教えて頂いて以来、読んでいます」と言って、こちらから話を持ちかけました。以来、文具の弟子としてかわいがってもらっています。

こういう出会いがあると、うれしくて、さらに自己研鑽《じこけんさん》をしていこうと思います。

教えてもらったことを軸に、自分でも深掘りしていけば、出会いを十二分に活かすことができます。

一から十まで教えてもらってばかりでは、自分の成長につながりません。自分で動き自分で調べて、それでもわからないときこそ、諸先輩方のお知恵をお借りするときなのだ、と最近は考えるようになりました。

社会人として、経営者として、まだまだ未熟な僕ですが、このようにいろんな人に支えてもらい、育てていただきながら、日々がんばっています。

5
時限目

壁にぶちあたった！くじけそう！

1 コントロールできるもの、できないものに分ける

「できる喜び」がやる気を持続させる

勉強している途中でやる気がダウンしてしまう、ということは、よくありますよね。

そもそも、勉強のモチベーションになるものは、何だと思いますか？

僕は2つあると思っています。

ひとつは、「分かる・できる」喜び。

もうひとつは、「ほめられる」喜びです。

「ほめられる」喜びは、人からしてもらうことなので、自分でコントロールできませんが、前者の「分かる・できる」喜びは、自分でコントロールすることが可能。

だったら、**やる気がなくなったときは、分かる・できる喜びを得るためにどうしたらいいか？　を考えればいいことになります。**

このように、何か問題にぶつかったり、モチベーションが下がってしまったときには、どうすればいいかを考え、「コントロールできるもの・できないもの」に分けていきます。

コントロールできないものについては、どうしようもないので置いておき、コントロールできるものについて、方策を考えていくのです。

コントロールできるところからギュッと締めていく

たとえば、中間テストで英語の点数が悪かったとします。

次回、よい方向に持っていくためには、まず、なぜ点数が悪かったのか、その要因を考えます。

部活が長引いて疲れた、数学に力を入れすぎて英語がおろそかになった、学校の先生の授業がイマイチ分かりにくかった……など、いろいろな要因が思い当たるはず。

それを、コントロールできるもの、できないものに分けてみましょう。

部活が長引いて疲れた、というのはコントロールできない部分ですよね。

でも、数学ばかりやって英語がおざなりになった、というのはコントロールできる部分。期末テストに向けて、各科目の時間配分に気をつけよう、となります。

先生の授業が分かりにくい、というのはコントロールできない部分ではありますが、友だちに聞くとか、放課後に先生に質問するとか、分からないままで放っておかないための代替策を探すことはできます。

このように、**コントロールできる部分にフォーカスして、その部分を締《し》めていくことで、問題解決の方法が導き出されてきます。**

勉強する時間が取れない、という悩みがあったとしたら、これもコントロールできるもの、できないものに分けて考えてみます。

たとえば、僕の場合、実家に帰っている時間はコントロールできません（仕事をやったら家族に怒られます）。

でも、移動時間はコントロールできます。たとえば、電車と徒歩で移動したら1時間かかるところを、タクシーを使って半分の時間ですめば、30分作り出せますよね。

あるいは普段はドラッグストアや本屋さんで買っている物を、インターネットで買って、買い物に出る時間を節約したり……。

コントロールできるものを探して、そこから突破口を見出しましょう！

「コントロールできる要素」にフォーカスせよ！

ガーン！
35
英語の中間テスト
が最悪だった…

問題に
ぶつかった

↓

要因を
考えてみる

- 部活が長引いて疲れた
- 先生の授業が分かりにくい
- 数学ばかりやって、英語がおろそかに…

↓

コントロールできるものとできないものに分ける

- 部活が長引いて疲れた → コントロールできない → ✕ ナシ
- 先生の授業が分かりにくい → コントロールできない → 代案
  - ・友だちに聞く
  - ・放課後、先生に質問
- 数学ばかりやって、英語がおろそかに… → コントロールできる → 各教科の時間配分に気をつける

↓

打開策を
考える

コントロールできない部分についても、
代替案があれば、解決に結びつきます

コントロールできる部分が解決への突破口になる

2 「オリンピック選手に比べれば……」と思うようにする

自分よりも大変な人を思い浮かべてみよう

壁にぶちあたったとき、くじけそうなとき、僕は、**自分の置かれている環境よりもハードな世界を想像し、「それよりはマシだ」と考えるようにしています。**

大学の受験勉強で息切れしてしまったときは、「司法試験を受けるよりはマシだ」と自分に言い聞かせていました。

六法全書のような分厚い資料をたくさん読んで、膨大《ぼうだい》な法律を頭に入れなければならないことに比べたら、「この参考書1冊覚えればいいんだから、オレのほうがずっと楽じゃないか」というわけです。

それ以外では、オリンピック選手のことなども考えます。

4年に一度のオリンピック、しかも体操などは、数分で終わってしまう演技のために、日々、努力に努力を重ねて高みを目指しています。もし、その瞬間に思うような結果を出すことができなかったら、再び4年後を目指してがんばる……。

すごいことですよね。

それに比べたら、勉強ははるかに楽だな、と思うのです。

仕事でも、その考え方に救われたことがあります。

数年前のことですが、会社の存亡にかかわる打ち合わせが続いた時期があり、精神的にかなりダメージを受けていました。

でも、周囲を見回すと、会社の株式を上場している友人や諸先輩方は、毎年、決算前には死にそうなほど大変な様子なのです。

それを思い出し、「僕はまだまだ甘いな」とあえて考えるようにしました。

もちろん、それで本当に気持ちが楽になったか、というと微妙です。

でも、「ちゃんとやらなきゃな」と自分を無理やりにでも奮《ふる》い立たせていくことで、立ち向かうためのエネルギーが出たのは確かです。

今でもプレッシャーの大きい仕事のときには、こうやって気持ちを奮い立たせていきます。

「あの人でもできた」と思うことで救われる

逆に、「あの人でもできたんだから……」と思うことで乗り切れることもあると思います。

たとえば、大学受験で、成績がふるわなかった先輩が○○大学に受かった！　というケースがあったら、「あの人も受かったんだから、自分もやればできる！」と勇気をもらうことができます（これはあまり大きな声では言えない方法ですが……）。

世の中にはいろいろな人がいます。

周囲を見回して、その中で自分をちょっと客観視して、遠くから眺めてみる。

それによって、負の感情にどっぷりつかることなく、冷静に状況を判断できるようになるのではないかと思います。

勉強がつらい。疲れた…とくじけそうになったら…？

自分よりもずっと大変な人を思い浮かべる

必勝
大変だけど
司法試験を受けるよりはマシだ…

もっとがんばろう…
オリンピック選手に比べたら、仕事のほうがラクだわ…

「あの人にできるなら、自分にもできる」と考える

A先輩も東大に受かったんだから、僕も大丈夫！

自分を客観視することで、マイナス感情を振り払おう

3 「さあ、やるぞ」と思える儀式を作る

自分にとっての勝負曲を決めておく

何かを始めようと思っても、どうも重い腰が上がらず、なかなか始められないときってありますよね。

そんなときに、「これをやれば、ヨシッ！と気合が入る」という、**儀式のようなものを作っておき、自分に暗示をかけて、スイッチを切り替える**という方法があります。

高校生の頃、僕はB'zのとある曲を聞いてから、勉強をスタートさせていました。歌詞もメロディーも、自分を励ましてくれるような感じがする曲で、それを聴くとやる気になれたのです。

〝パブロフの犬〟ではありませんが、「これを聞けばポジティブになれる」と思っていると、曲が流れたとき、条件反射的に前向きな気持ちになる効果があると思っています。

儀式の内容は、音楽をかけることに限りません。自分の好きなものでいいのです。

照明を変えるとか、コーヒーを飲むとか、体操をするとか、自分がポジティブになれると感じるものなら、なんでもOKです。

香りでいえば、僕は、グレープフルーツのフレグランスを部屋にシュッシュッとスプレーしています。この香りが、不思議とやる気を引き出してくれるのです。

大学受験のときは、「勝負シャーペン」を持っていました。

試験直前や試験中など、ここぞというときだけ、登場させるシャープペンシルを用意しておくのです。

ごくごく普通の、100円のものなのですが、普段勉強するときのものとは別扱いにしておくことで、それを使うと試験に向かう心のスイッチを入れることができました。

こういうものをひとつ用意しておくと、やる気が出ないとき、勝負したいときの助けになります。

自分にとっていい物に囲まれてモチベーションをアップ

今は、ここぞという大事な仕事のときに使う「勝負ネクタイ」を持っています。

いくつかあるネクタイの中でも、「このネクタイをすると、不思議とうまくいく」というものがあり、いざというときは、それを使って気合を入れます。

「どうもこのネクタイはしっくりこない」と思ったら、それは使わなくなるので、勝負ネクタイは厳選されたスペシャルなもの。

こういうものに囲まれていると、モチベーションが下がらない状態をキープできてくるのではないかな、と思います。

ただ、気をつけたいのは、**うまくいかなかったとき、「このペンが悪かった」などと、物のせいにしてしまわないこと。**

そういうときは冷静に、自分のやるべきことが間違っていたのではないか、と原因を洗い出したほうが現実的です。

あまり頼りすぎず、気持ちを上げるためのお守り的なものとして、上手に活用しましょう。

自分だけの「儀式」があると、勉強モードに入りやすい

気持ちが前向きになる曲をかける

よしっ！

お気に入りの香りでテンションUP！

“勝負シャーペン”や“勝負ネクタイ”など、「別格グッズ」でスイッチを入れる

これで試験を
乗り切るぞ！

今日の講演は
バッチリだ！

お気に入りのものが、勝負どころで気持ちを上げてくれる

4 うまく伸びないときは「なぜ?」をひたすら繰り返す

仮説・検証を繰り返して問題の真因を探る!

やっていることが、どうもうまくいかないとか、思うように勉強が進まないなど、何か問題が起こったときは、「なぜ、このようになったのか?」を掘り下げることが大切だと思います。

そして、「なぜ?」から「これが問題だったのではないか、だったらこのようにすれば解決できるのではないか?」と仮説を立て、それにしたがって行動してみる。やってみたら、その結果について検証する。

この流れを繰り返すことで、問題を解決に導くことができるのです。

では、英語の点数が伸び悩んでいる生徒の場合、僕たちがどのように仮説・検証を繰り返しているかを見ていきましょう。

① 質と量の双方の面から問題点を書き出す

勉強は「質」と「量」の積み重ねです。つまずいている人は、たいてい勉強の「量」が足りないか、勉強の「質」が悪いかのどちらかです。

そこで、点数の悪かったテストを分析しながら、質・量の問題点をそれぞれ書き出します。

「量」として、勉強時間は足りていたのか。1問解くのに時間がかかりすぎて効率が悪かったのではないか。

「質」としては、ノートの取り方がよくないなど、身につかないやり方をしていないか、使っている問題集はその子に合っているか……などです。

② コントロールできるもの・できないものに分ける

前の項で述べたように、書き出した要因について、コントロールできるもの・できないものに分けます。

③ コントロールできる部分の解決策を考える

たとえば、「英作文がたくさん出題されているのに、割いた時間が少なかった」「問題集しかやっていなかった」ことが問題点だとしたら、どうすればよくなるか、解決策を考えます。

④ 仮説に基づいて、やってみる

「英作文に割く時間が少なかったから、もうちょっと英作文の問題集をやってみよう」という対策を立てます。ただし、これはあくまでも「仮説」。その仮説に基づいて1週間やってみます。

⑤ 検証する

仮説に基づいて行動した結果、どう変わったのかを見ます。たとえば、1週間後の小テストで点数がどう上がったかを見るなどします。

やってみて、よさそうなら、そのまま続けます。ちょっと違うな、と思ったら、もう一度①に戻って、やり直します。

このように、問題点を洗い出して、仮説と検証を繰り返すのは、僕らが子供たちを指導するうえでの基本となるメソッド。

この流れで考え、行動することで、問題の真因が見えてきて、解決への道が開けてきます。

仮説＆検証を繰り返しながら進め

問題点を書き出す
量 勉強時間が足りてなかった
質 やり方がよくなかった
問題集が合わない
英語の成績が伸びない！
どうしたらいいんだ
コントロールできるものとできないものに分ける
問題集が合わない
部活に時間を取られる
コントロールできる
コントロールできない
コントロールできる部分の解決策を考える
問題集を英作文中心のものに変えてみよう！
仮説に基づいてやってみる
英作文、英作文
検証する
英作文の点が上がった！
思うような結果が出なかったら、また問題点を洗い出します
仮説→検証を繰り返せば、確実に力がついてくる

5 あえて「無謀な目標」を立て、自分の枠を壊す

自分の実力を考えて ギリギリを狙うのがセオリー

目標の立て方というのは、なかなか難しいものです。

低すぎる目標では、やりがいがないし、かといってあまり高すぎる目標だと、途中で挫折してしまう可能性があります。

生徒たちの中には、「今度の模試で、全国1位を取る！」という無茶な（?）目標を立てる子もいるのですが、現実的でない目標を立てても、なかなかうまくいきません。

まずは現状を見据《みす》え、自分の実力を考えて、手が届くか届かないかというギリギリのラインを狙って目標を立てたほうがいいでしょう。

無謀とも思える目標が 飛躍のきっかけになることも

ただし、無謀とも思える難しい目標を立てたことで、うまくいくケースもあります。

僕の大学受験のときの話です。

高3のとき、突然、世界史を勉強してみたくなり、選択科目を「地理・日本史」から、急きょ「日本史・世界史」に変えました。

ところが、僕の通っていた高校では世界史をやっていなかったので、高3の4月の時点で「ナポレオンってどこの国の人だっけ?」という極めて危ういレベル。当然、6月の全国模試でいい結果が出るはずもなく、わずか21点しか取れませんでした。

高2までの模試では、（自慢ではありませんが）東大はずっとA判定だったのですが、ここでC判定に陥落。「オレ、東大落ちるかも……」と、すごい危機感を持ちました。

「やっぱり世界史やめようかな……」という思いも頭をよぎりました。でも、周囲に「清水は逃げた」と思われるのが嫌だったし、世界史を全く知らないのも困るだろうと、初志《しょし》貫徹《かんてつ》でがんばることにしました。

ここで立てた目標が「東大の理Ⅲを目指す」こと。

もちろん、僕は文系なので、実際に受けるわけではないのですが、理Ⅲを目指すくらい死ぬ気でやろうと決意したのです。

文Ⅲなら、文系で全国１０００位でも合格できますが、理Ⅲは理系でトップ90人しか入れません。

その枠を目指すくらいの勢いで自分を追い込み始めました。常に世界史の教材を持ち歩き、すき間時間をみつける度に知識を詰め込みました。電車に乗っている時間だけでなく、電車を降りるときに覚えるべき用語をいくつか目に焼き付け、それらの用語をブツブツつぶやき、歩きながらも勉強しました。

その結果、東大の試験本番で、世界史は8割の点数を取ることができました。高3の4月から10ヵ月ちょっとで、ゼロからここまで持っていけたのです。あそこで奮起《ふんき》しなければ、きっと達成できなかったと思います。

普通なら55～60％程度取れば合格できるので、この経験は自信につながりました。

ありえないような高い目標を掲げたことで、かえって自分の中の枠が外れ、大きく飛躍することができることもあります。

「この程度でいいや」と考えていると、なかなか伸びていきません。現状維持しよう、と守りに入ると、どうしても下がっていってしまうもの。やはり攻める気持ちを持つことが大事だと思います。

モチベーションを高める目標設定が大事

「現状維持しよう」と思うと下がっていくもの。

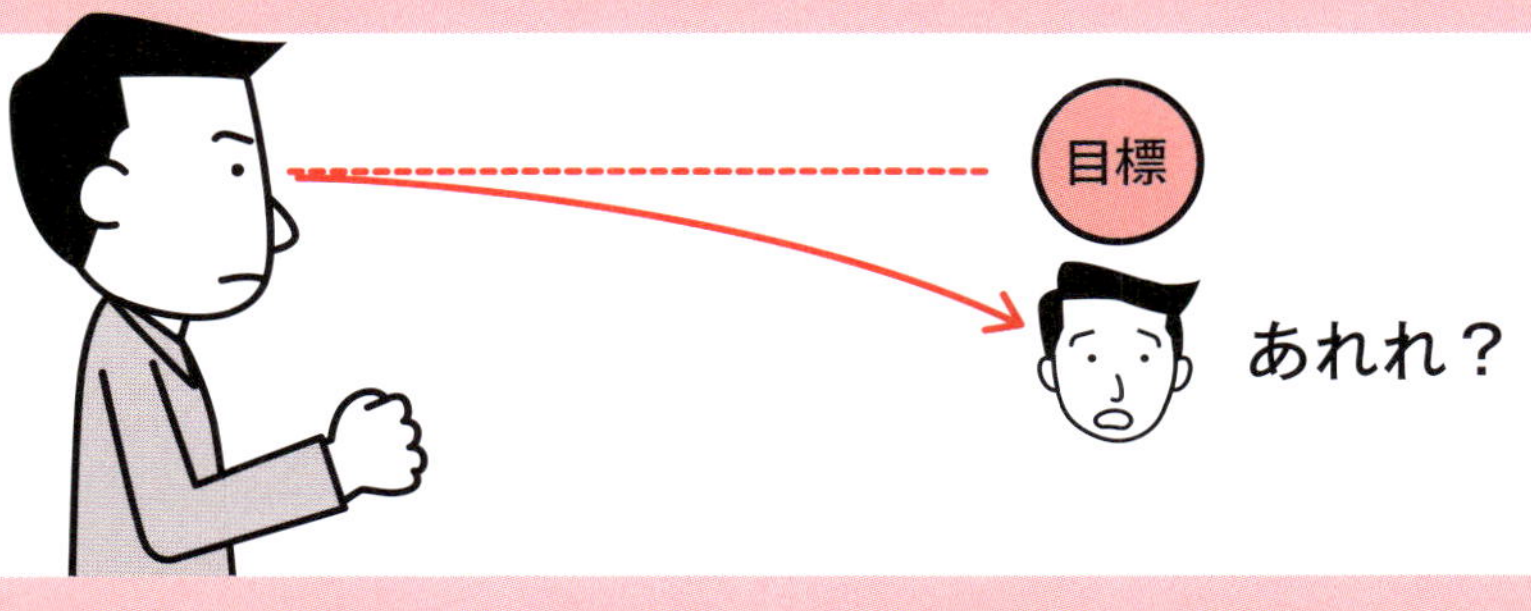
目標
あれれ？

「がんばれば届くかな？」というギリギリの目標設定がGOOD ！

一歩ずつ
目標

ときには「ちょっと無謀かな？」と思える目標で、大きく飛躍できることも…

目標
よし！
やったる

伸び悩んでいるときは、思い切り高い目標ではずみをつけるのも手

6 うまくいかなかったときは、バーッとメモして、ガーッと眠る

「失敗した！」と思ったら、まずは10分間メモをとる

仕事でミスをしてしまったとき、試験で悲《ひ》惨《さん》な点数を取ってしまったときなど、「失敗した！」と思うと、つい、クヨクヨしてしまいがちです。

失敗にとらわれていたら前に進めない、と分かっていても、つい気になってしまう。

そんなときには、10分間で気になっていることをバーッとメモし、あとはガーッと寝ることにしています。

メモするのは、単に嫌なことを吐き出すためではありません。

- **失敗した原因は何か。**
- **反省点はどこか。**
- **それを解決する方法は何か。**

それらをひとつひとつ洗い出して書くのです。

たとえば、クライアント様へのプレゼンテーションのあとで「もう少し、こうするべきだったかな」と反省することがあります。

そんなときは、なぜうまくいかなかったのか、そして、次はどうすればいいのかを10分間で、思いつくままにバーッと書き出していきます。「このスライドはわかりにくかったかもしれないな、文字が多すぎたのかな」「もう少しこの部分を丁寧に説明すればよかったかもしれないな」などとメモをしていくのです。

こうやってメモするタイミングは、失敗したあとできるだけすぐにやってしまいます。その思いが一番ホットな瞬間に、すぐに振り返って書く（あるいはパソコンで打つ）のです。

そのメモは、次のプレゼンテーションの前に見返して、参考にするようにしています。

解決策まで書ければ、いつまでも思い悩まずにすむ

失敗した、と感じたときは、その失敗から逃げたいと思う気持ちが働きます。

でも、**逃げているといつまで経っても失敗したことに気持ちが引きずられてしまい、次の仕事に響く恐れがあります。**

それに、もし問題が起こっている場合には、解決策を考える必要もあります。

「嫌な仕事ほど、先にやる」というのが僕のモットー。まずはしっかりと向き合うことが大切です。

反省するだけでなく、解決策まで見えれば、ぜひ書き留めておきましょう。

解決策を書いておくと、「この問題は、こうこうこうしたら解決できるな」という方程式が立てられます。目途が立つので、安心して眠りにつくことができるのです。

すっきり眠って、後日、そのメモを見返したときには、「こうすればいいんだな」という道筋が見えています。

だから、「失敗しちゃったな……」というマイナス思考からではなく、「こうやって解決していこう」というプラスの思考からスタートすることができるのです。

「今日はうまくいかなかった…」そんな日は…

① 10分間で頭の中のもやもやを一気に書き出す

失敗した
原因は？
反省点は
どこか？
それを解決する
方法は？

② ガーッと寝る

③ あとでメモを見返す

今度はここを押さえれば、
うまくいくぞ！

失敗を引きずらず、「プラス思考」に切り替えよう

付録　習慣化シート

月　　日　～　月　　日

PLUS T
CHANCE FOR CHANGE

今週の目標	いつまでに？	達成度は？
①	までに	%
②	までに	%
③	までに	%

やること	日付	5	6	7	8	9	10	11	12	13	14	15	16	17	18	19	20	21	22	23	24	25		時間	反省点	評価
□ □ □	／ (月)																						使える時間 勉強予定時間 実際の勉強時間		生活面 勉強面	点
□ □ □	／ (火)																						使える時間 勉強予定時間 実際の勉強時間		生活面 勉強面	点
□ □ □	／ (水)																						使える時間 勉強予定時間 実際の勉強時間		生活面 勉強面	点
□ □ □	／ (木)																						使える時間 勉強予定時間 実際の勉強時間		生活面 勉強面	点
□ □ □	／ (金)																						使える時間 勉強予定時間 実際の勉強時間		生活面 勉強面	点
□ □ □	／ (土)																						使える時間 勉強予定時間 実際の勉強時間		生活面 勉強面	点
□ □ □	／ (日)																						使える時間 勉強予定時間 実際の勉強時間		生活面 勉強面	点

これをつけることによって、
無駄がなくなり、どんどん
効率アップしていきます！
※書き方はP.29に！

「習慣化シート」のPDFはこちら
「PHP Biz Online衆知」
http://shuchi.php.co.jp/article/1868
※予告なく変更・終了することがございます。ご了承ください。